应用型教育数智化财会专业“十四五”系列教材
新商科工作手册式创新型·校企合作精品教材

U0828855

业财融合
企业数智决策

主　编　袁　萍　蒲　宏　包媛玮
副主编　邹杉杉　杨　帆

華中科技大學出版社
http://press.hust.edu.cn
中国·武汉

图书在版编目(CIP)数据

业财融合企业数智决策/袁萍，蒲宏，包媛玮主编. —武汉：华中科技大学出版社，2023.7
ISBN 978-7-5680-9837-3

Ⅰ.①业…　Ⅱ.①袁…　②蒲…　③包…　Ⅲ.①企业管理-财务管理-高等学校-教材　Ⅳ.①F275

中国国家版本馆 CIP 数据核字(2023)第 137899 号

业财融合企业数智决策
Ye-cai Ronghe Qiye Shu-zhi Juece

袁　萍　蒲　宏　包媛玮　主编

策划编辑：聂亚文
责任编辑：段亚萍
封面设计：孢　子
责任监印：朱　玢
出版发行：华中科技大学出版社(中国・武汉)　　电话：(027)81321913
　　　　　武汉市东湖新技术开发区华工科技园　　邮编：430223
录　　排：武汉创易图文工作室
印　　刷：武汉科源印刷设计有限公司
开　　本：787mm×1092mm　1/16
印　　张：11.25
字　　数：266 千字
版　　次：2023 年 7 月第 1 版第 1 次印刷
定　　价：42.00 元

华中出版

本书若有印装质量问题，请向出版社营销中心调换
全国免费服务热线：400-6679-118　竭诚为您服务

前言

业财融合是业务与财务融合的简称，是指企业业务发展与财务管理相结合，业务和财务融为一体，通过加强业务部门与财务部门的协作与沟通，优化企业内部的资源配置，提高经营效益和财务绩效，从而提高企业整体的管理水平和经营效益的一种管理模式。目前，随着数字经济蓬勃发展，数智技术与各行业、各领域的不断融合，驱动企业数字化转型，推动企业“业、财、技”一体化深度融合，企业正加速建立以数据为核心的运营体系，业财融合迈向企业数智化决策，逐步实现企业商业模式和管理模式的数智化转型升级。上述发展变化对财务管理人员提出了更高的要求：既要具有运用业务流程产生的信息进行财务的预测、决策、规划的业财融合能力强、懂经营会管理的能力与信息素养，还应具备坚定的理想信念、良好的职业素养和工匠精神。

本书坚持立德树人根本，落地《职业教育专业简介(2022 年修订)》对专业数字化改造、业财一体化设计要求，理论和实践相结合，将业财融合的思维方式和基本技能、现代大数据分析技术和商业实践案例介绍给读者，使其既掌握用商业思维和数据科技解决问题的能力，又得以拓展商科知识面。全书共七个项目，覆盖了企业产品全生命周期的环境预警、销售预测、产品定价、产能评估、运营评估等领域的知识、技术技能、实践案例与实训项目，既满足教师教学之需，又能引导学生自主性、诊断性学习。

1. 理实一体，任务驱动

本书通过合理的任务设计和丰富的实务案例，将知识和技能融为一体，辅助教师更好地进行讲解。每一个项目均采用“理论＋实训”的模式编排，使学生在掌握相关技能的同时巩固所学知识。

书中以职业活动为主线，体现了“项目引领，任务驱动”的教学思路，将每个项目按照知识点划分为具体的任务，每个任务按照“任务描述—知识准备—任务实施”来设计，形成一个完整的工作过程。

2. 学科交叉融合，内容循序渐进

本书注重学科间的交叉融合，将数据科学与财经、商贸类学科相结合，技术与专业融合。本书共分为七个项目，分别为外部经营环境预警、销售预测、产品定价、产能评估、运营评估及两个数智商科综合实训模块。项目一外部经营环境预警的内容包括：外部经营环境监测、外部经营风险识别、外部经营风险评估及应对。项目二销售预测的内容包括：基于时间序列法的销售预测、分析影响销量变化的因素、量化影响因素、调整预测结果。项目三产品定价的内容包括：确定产品定价目标、确定产品定价策略与方法、产品成本测算、调整并确定最终价格。项目四产能评估的内容包括：制订生产计划、生产能力分析、制订物料需求计划。项目五运营评估的内容包括：企业盈利情况分析、利润敏感性分析、企业现金流评估。项目六和项目七为数智商科综合实训。

本书注重教学互动，全篇采用活页式，内容可以根据教与学的需要进行选择和组合，各学习模块均设计了明确的学习任务和目标，注重引导学生逐步掌握相应的知识、技能和素养，并配套案例、数字化资源和练习软件等多样化的教学资料，实现培养学生应对不同职业情境的综合性财务品质。

3.“校企合力”设计打造

深耕产教融合、校企合作，与广州市福思特科技有限公司携手，共同设计打造教材项目任务、实训平台及课程标准、课件、教案等教学资源。通过合理的项目任务、实务案例及专项实训设计，将知识、技术、技能、工具、方法、素养融为一体，推动教师在教中做、做中教，学生在学中做、做中学。

本书在编写过程中参阅了大量文献资料，在此对这些资料的作者表示诚挚的谢意！由于编者水平有限，书中难免存在疏漏之处，敬请广大读者批评指正。

编者

2023 年 7 月

目录

项目一　外部经营环境预警 …… 1

任务一　外部经营环境监测 …… 5

任务二　外部经营风险识别 …… 13

任务三　外部经营风险评估及应对 …… 17

项目二　销售预测 …… 21

任务一　基于时间序列法的销售预测 …… 27

任务二　分析影响销量变化的因素 …… 35

任务三　量化影响因素 …… 39

任务四　调整预测结果 …… 47

项目三　产品定价 …… 51

任务一　确定产品定价目标 …… 57

任务二　确定产品定价策略与方法 …… 63

任务三　产品成本测算 …… 67

任务四　调整并确定最终价格 …… 75

项目四　产能评估 …… 79

任务一　制订生产计划 …… 81

任务二　生产能力分析 …… 83

任务三　制订物料需求计划 …… 85

项目五　运营评估 …… 87

任务一　企业盈利情况分析 …… 89

任务二　利润敏感性分析 …… 91

任务三 企业现金流评估 …… 95

项目六 服装行业数智商科综合实训 …… 97

任务一 事件分析 …… 99
任务二 销售预测 …… 117
任务三 产品定价 …… 131
任务四 相关性分析 …… 141
任务五 产能评估 …… 151

项目七 数智商科综合实训 …… 161

任务一 销售预测 …… 161
任务二 产品定价 …… 163
任务三 产能评估 …… 165
任务四 运营评估 …… 167
任务五 综合案例——旅游案例 …… 169
任务六 综合案例——酒店案例 …… 171

参考文献 …… 173

项目一　外部经营环境预警

学习目标

职业能力

1. 了解企业外部环境分析的主要内容，掌握外部环境分析的方法；
2. 掌握信息搜集的基本途径和数据采集基本方法；
3. 掌握风险的类型；
4. 掌握风险识别和风险评估的基本方法。

职业素养

1. 培养实时关注国家政策、社会动态、行业新闻的工作习惯；
2. 培养对事件进行全面、深入分析的习惯，养成积极做好应对措施的意识。

工作流程

方案1：

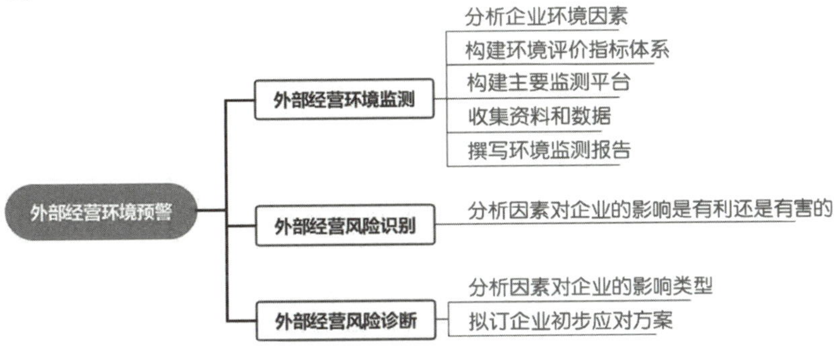

方案2：

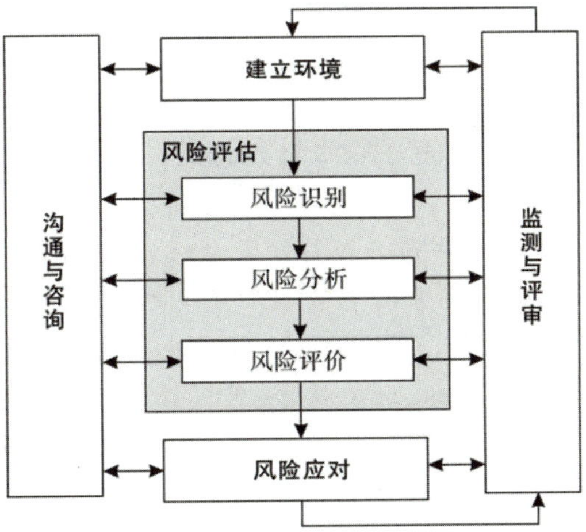

案例导读

“双减”政策下，少儿编程培训市场却火爆

2021年8月31日，成立27年的巨人教育宣布倒闭。曾几何时，培训机构发现了校外学科类培训的蓝海，在资本的推动下跑马圈地，校外培训机构迅速壮大。在疫情期间，线下教育转移至线上，场景的扩容又给在线教育带来了资本。2021年春节前后，学科类在线教育机构仍然花重金在各个平台做广告。

在“双减”政策的约束下，面临市场压力的学科类教培机构的大幅度缩减，已成为不可避免的事实，寻找新的赛道、谋求发展机会并完成业务转型，已成为此类机构面临的第一要务。

一些在线教育巨头适时调整旗下业务板块规模，已大范围扩展素质教育。8月12日，一则“新东方转型培训父母”的消息上了热搜，背后是新东方推出素质教育成长中心，涵盖成人教育、职业教育等。A股上市公司豆神教育也于8月初发布公告称，决定对公司主营业务进行全面转型，重新规划整合后的主营业务包括智慧教育服务业务、艺术类学习服务业务等。

少儿编程也是转型的一个方向。7月28日，猿辅导就正式推出STEAM科学教育产品“南瓜科学”，被认为是“第一个转型动作”。8月，广州罡得教育也宣布关闭所有门店，其创始人转身进入少儿编程行业。

少儿编程为何成为“香饽饽”？实际上，教育部在7月份“双减”政策下发之后，又补充发布了《教育部办公厅关于进一步明确义务教育阶段校外培训学科类和非学科类范围的通知》，明确体育（或体育与健康）、艺术（或音乐、美术）学科以及综合实践活动（含信息技术教育、劳动与技术教育）等按照非学科类进行管理。其中，作为信息技术教育的子类别，少儿编程教育得到政策“开闸”，属于国家支持和鼓励发展的一类。

分析人士认为，在人工智能快速发展趋势下，计算机处理能力逐渐成为未来核心储备人才的必备技能，而目前“写代码”也是名副其实的高薪职业。多鲸教育研究院在4月发布的《2021少儿编程教育行业报告》显示，目前，我国的少儿编程教育渗透率约为2%，远低于美国的44.8%，同时，在下沉市场的接受程度远低于一、二线城市。

在学科类培训步入寒冬之后，少儿编程赛道2021年的融资战绩或将创下历史新高。企查查数据显示，2021年1月至8月，少儿编程赛道共出现12起融资事件，披露融资总额超过16.05亿元，其中披露融资额同比增长243.7%。而2020年，少儿编程赛道全年融资事件共13起，披露融资总额超17.97亿元，2021年前8个月的数据已经接近2020年全年的成绩。

从披露融资金额来看，2021年前8个月融资金额最多的三个品牌分别是“核桃编程”“昂立STEM”和“小码王”，分别获得融资金额2亿美元、1亿元和数千万美元。其中核桃编程和小码王均已进入C轮融资，昂立STEM目前处在B+阶段。此外，2021年已获得较大融资额的品牌还有鲸鱼机器人、奈学教育、君虹教育等。值得一提的是，在获得融资的企业中，除了少儿编程教育机构和教育平台，还有一家研发教育机器人、编程教育的高科技企业“鲸鱼机器人”，其目标是为全球15亿青少年提供AI Robot+Edu产品。

从案例导读中，我们了解到国家限制课外学科教育，对之前火爆的课外培训市场造成较大影响。由此可见，国家政策对企业发展的影响是重大的。事实上，影响企业快速发展的因素，除了国家政策外，还有社会经济环境、人们的消费观念、突发事件等各种因素，企业在经营管理过程中，需要考虑这些因素的存在，对外部环境的变化保持警觉，从环境变化中获取商机、识别风险。

【思政思考】

高校“形势与政策”课程就是大学生研究外部环境和风险的重要途径

高校开展的“形势与政策”课就是大学生研究外部环境和风险的重要途径，是理论武装时效性、释疑解惑针对性、教育引导综合性都很强的一门高校思想政治理论课，是帮助大学生正确认识新时代国内外形势，深刻领会党的十八大以来党和国家事业取得的历史性成就、发生的历史性变革、面临的历史性机遇和挑战的核心课程，是第一时间推动党的理论创新成果进教材进课堂进学生头脑，引导大学生准确理解党的基本理论、基本路线、基本方略的重要渠道。《高校“形势与政策”课教学要点(2022年上辑)》：

一、深入阐释党的十九届六中全会精神，厚植爱党爱国爱社会主义的情感

坚持正确的党史观，树立大历史观，准确把握党的历史发展的主题主线、主流本质，反对历史虚无主义，正本清源，坚定历史自信、筑牢历史记忆，更好地学史明理、学史增信、学史崇德、学史力行。

二、充分认识北京冬奥会、冬残奥会成功举办的重大意义，感受中国特色社会主义制度优越性

正确认识中国成功举办冬奥会、冬残奥会，既是全世界民心所向，也是对个别国家利用冬奥会、冬残奥会搞政治作秀、政治操弄的最有力回击，增强学生的民族自豪感、自信心以及为社会主义现代化建设奉献青春力量的自觉性。

三、积极关注2022年全国两会，感受团结奋进的民主政治实践

增强问题意识，从两会中的重点热点问题入手，正确认识我国经济社会发展形势、政策及其给自身带来的机遇和挑战；深刻认识社会主义民主与资本主义民主的本质区别，感受制度优势，坚定制度自信。

四、深入阐释经济发展态势，增强对我国经济发展的信心

讲透中国经济光明论、机遇论、贡献论，正确认识坚持严格疫情防控措施和促进经济发展的关系，深入理解和认同贯彻新发展理念、构建新发展格局等重大决策部署，增强对我国经济发展的信心。

五、正确理解共同富裕的科学内涵，把握实现共同富裕的战略目标和实践途径，坚定实现共同富裕的信心

共同富裕是社会主义的本质要求，是中国式现代化的重要特征。理解实现共同富裕的长期性、艰巨性、复杂性，结合浙江正在开展的共同富裕示范区建设和各地因地制宜探索实现共同富裕的生动实践，增强对实现共同富裕的信心。

六、深刻阐释台海形势的时与势，坚定共创祖国统一、民族复兴伟业的信心和决心

2021年台海形势严峻复杂，风险挑战突出。正确认识解决台湾问题、实现祖国完全统一的历史必然性，无论台海形势如何风云变幻，解决台湾问题的时与势始终在主张国家统一的力量

这一边，主导权主动权始终掌握在祖国大陆这一边；深入领会新时代解决台湾问题的总体方略和党中央对台工作决策部署，坚定共创祖国统一、民族复兴伟业的信心和决心。

七、深刻阐释气候变化问题的实质，充分认识中国提出碳达峰碳中和目标的责任担当

随着全球温室气体排放持续加速，全球气候变暖情况加剧。认识气候变化带给人类的挑战是现实的、严峻的、长远的，认清关于气候变化的“阴谋论”“谎言论”和“甩锅论”的实质，理解全球气候治理不是零和博弈，而是关乎全人类利益的大事，国际社会应当携起手来，共同构建地球生命共同体，共同建设清洁美丽的世界。

八、深入阐述习近平总书记关于时代趋势和国际局势的重大判断，充分认识新时代中国外交

习近平总书记关于国际形势发展变化和中国外交前进方向的科学分析、重大判断和战略部署，是推动新时代中国外交奋力前行的根本遵循和行动指南。深刻认识当前世界形势“变”与“不变”的表现和实质，正确理解中国外交政策以及我国为全球治理体系变革提出的中国方案、注入的中国力量，充分认识中国发展是世界格局演变的重要推动力量，中国主张为世界人民对和平与发展的诉求带来新希望。

思考：

1. 查阅以上8条相关政策和资料，思考对所学专业影响最大的是哪几条。

2. 思考该影响下，自身就业决策有何变化。

任务一　外部经营环境监测

任务描述

平安药业有限公司创建于2001年11月，是一家专注于血液净化制品的研发、生产、销售的企业，是血液净化领域的专业服务商。

近年来，随着技术环境的逐渐改变，市场环境变化也越来越快，为了及时应对企业外部环境变化可能带来的经营风险，公司特别成立风控小组，主要负责构建外部环境监测体系。现在，你将作为风控小组成员之一，参与相关工作。请根据知识准备提供的学习资料，结合本书提供的公司内外部环境资料，完成任务实施部分的工作。

知识准备①

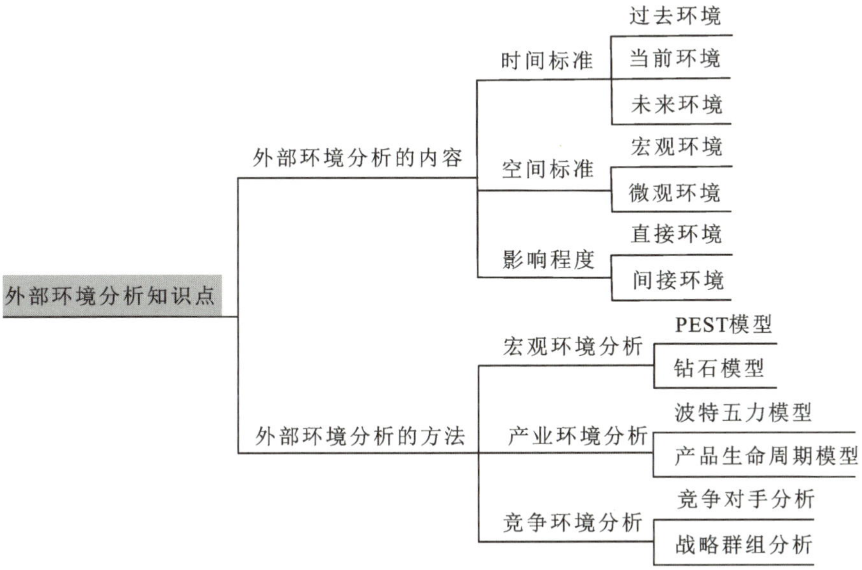

任务实施

通过对知识准备部分的学习，你已经初步掌握了外部环境分析的基本知识，请按照外部环境分析的内容层次，搜集并整理平安药业有限公司需要关注的外部环境因素。

步骤1：分析企业外部经营环境因素。

平安药业有限公司的主要产品是血液净化制品，处于医药行业产业链中的中游，是集研发、

---

① 推荐书籍：

1.《企业战略管理(第2版)》，舒辉主编，人民邮电出版社，2016。

生产和销售于一体的生产型企业(见图 1-1)。

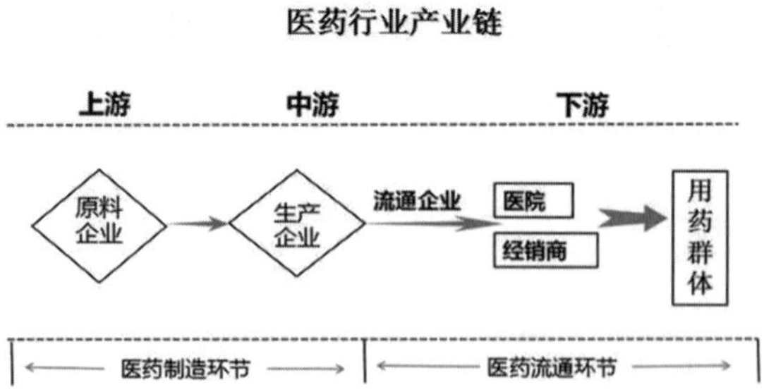

图 1-1

请根据医药行业产业链,并结合外部环境分析内容,查找资料,整理出影响医药行业的主要外部经营环境因素。

步骤 2:构建经营环境评价指标体系。

评价指标的筛选遵循“重要性、有效性、全面性、易操作性”原则,可以选择“宏观、中观和微观”或者“外部、内部”维度构建外部评价指标体系。一般情况下,评价指标越具体、越容易量化,则越容易帮助企业进行定量分析。比如,若按照“宏观、中观和微观”维度,构建跨国公司外部经营环境评价指标体系,参考表 1-1:

表 1-1

目标	一级指标	二级指标
跨国公司外部经营环境	宏观层面	政治稳定性
		法律成熟度
		经济发展水平
		市场成熟度
		技术环境
	中观层面	组织融合度
		产业政策
		产业结构
		供应商的规模
		供应商本地化程度
	微观层面	竞争对手数量
		竞争对手能力
		行业进入壁垒
		产品替代成本
		消费者消费能力
		消费者消费倾向

请依据步骤 1 整理的环境因素,构建平安药业有限公司面临的外部环境重点监测指标体系,填入表 1-2。

表 1-2

维度	具体指标

续表

维度	具体指标

步骤3:设置主要监测平台。

企业外部经营环境监测应该作为一项常态化的工作,要求定期对监测相关指标的变化情况进行分析。监测平台提供的信息和数据要保证更新的及时性、数据的完整性和准确性,表1-3所示是一些常用数据源网站:

表1-3

平台名称	网址	用途
国家统计局	http://www.stats.gov.cn/	就业、GDP、总人口、经济贸易,国家职能部门有关的统计数据
中国互联网络信息中心	https://www.cnnic.net.cn/	互联网人口普查平台
国家企业信用信息公示系统	https://www.gsxt.gov.cn/	工商企业信息查询
海关总署	http://www.customs.gov.cn/	进出口数据
民政部	https://www.mca.gov.cn/	婚姻、社保数据
最高人民法院	https://zhixing.court.gov.cn/search/	全国法院被执行人信息查询
裁判文书网	https://wenshu.court.gov.cn/	行政、民事、刑事、赔偿、执行案件查询
中国商标网	https://sbj.cnipa.gov.cn/	商标局商标注册查询

续表

平台名称	网址	用途
IT桔子	https://www.itjuzi.com/	中国创业公司投融资数据和报告
中国医院等级查询系统	https://www.hqms.org.cn/usp/roster/index.jsp	医院等级查询
百度指数	https://index.baidu.com/	百度热度指数

现在你需要为每一个监测指标或影响因素，选择一个或多个监测平台，以便定期访问并获取相关信息和数据，填入表1-4。

表1-4

因素或指标	平台名称	网址	获取的信息特点（定性/定量）	信息搜集频率（如:1天1次）

步骤4:收集资料和数据。

1. 在步骤3罗列的网站中，搜集外部信息，参考PEST模型将信息进行分类整理，并提炼出你认为对医药行业影响重大的信息，然后从机会和威胁角度进行简要分析，填入表1-5。

表 1-5

类别	主要内容	分析
政治和法律环境(P)	1. 2. …	
经济环境(E)	1. 2. …	
社会和人文环境(S)	1. 2. …	
技术环境(T)	1. 2. …	

2. 基于宏观环境分析结果，参考波特五力模型，对平安药业有限公司所处产业环境的基本情况进行分析，整理相关内容，填入表 1-6。

表 1-6

类别	主要内容	分析
供应商的讨价还价能力	1. 2. …	
购买者的讨价还价能力	1. 2. …	
新进入者的威胁	1. 2. …	

续表

类别	主要内容	分析
替代品的威胁	1. 2. …	
同业竞争的竞争程度	1. 2. …	

步骤 5：撰写环境监测报告。

将收集的资料整理成文件，按重要程度进行排序，按时发送给管理层。

请粘贴报告

【想一想】

1.通过以上学习和实践,对企业外部环境监测如何实施更有效,说说你的看法。

2.除了 PEST 模型,还有哪些用于外部环境分析的模型?

3.外部环境监测指标是不是一成不变的?如果不是,你认为哪些因素会改变监测的指标?举例说一说你的看法。

【课外思考】

1.针对电信行业,请从供给和需求角度设计企业外部评价指标体系,并谈谈你的理解。

2.查找资料,收集一份不同行业外部环境预警体系设计框架。

任务二 外部经营风险识别

任务描述

通过任务一的学习实践，我们已经初步建立一套简单的外部经营环境监测体系，同时也对医药行业目前所处的外部经营环境有了比较全面的认识。现在，请将监测到的可能风险做进一步的风险识别，确定风险类型。在执行这项工作之前，你需要学习了解风险的主要类型有哪些、风险识别的方法，并掌握一些简单的数据采集工具的运用。

知识准备①

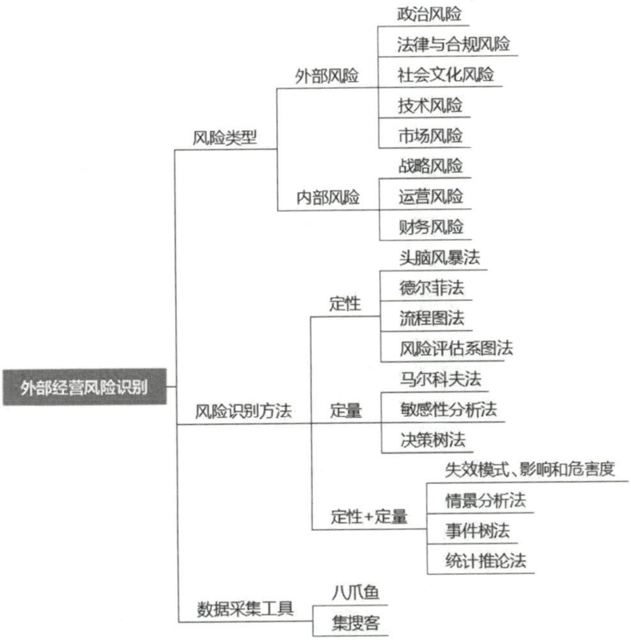

任务实施

风险识别需要考虑所有可能发生的风险，然后从错综复杂的环境中找出企业面临的主要风险。风险识别需要关注的主要问题有：存在哪些风险，哪些风险应予以考虑，引起风险的原因是什么，以及这些风险引起的后果和严重程度。

请按照以下步骤，完成对企业外部经营风险的识别过程。

① 推荐书籍：
1.《公司战略与风险管理》，注会教材。

步骤 1：识别风险或机会。

外部环境因素变化，可能是正面影响，可能是负面影响，或者两者兼而有之。具有负面影响的事项代表风险，需要进行评估分析；具有正面影响的代表机会，机会可能对实现目标和创造价值产生正面影响。

请运用 SWOT 分析工具，对识别的风险和机会做进一步分类，填入表 1-7。

表 1-7

	优势（strengths）	劣势（weaknesses）
机会 （opportunities）		
威胁 （threats）		

步骤 2：对风险进一步分类。

企业风险可以分为外部风险和内部风险，针对任务一搜集的资料和信息，通过对相关环境变化因素的简单分析，查询风险图谱和分类模型，对风险类别进行分类，确定因素影响的主要层面，以应对相关风险。

风险图谱和分类模型如图 1-2 和图 1-3 所示。

1	Market / Industry
1.1	Technology / Innovation
1.2	Substitution
1.3	Product Life Cycle
1.4	Business Cycle / Market Prices
1.5	Customer
1.6	Competitor Behavior

2	Management
2.1	Market- / Product- / Service definition
2.2	Capacity / Locations / Regional Structure
2.3	Definition of Business Segments / Internal Competition
2.4	Market Position
2.5	Cost Management / Cost Position
2.6	M&A Activities / Management of Alliances / Joint Ventures

3 - 6	Operations Management
3	**Technology / Product Development**
3.1	Development - Time to Market
3.2	Development Processes / Design to Cost
4	**Production / Logistics**
4.1	Manufacturing and Value Creating Processes incl. Outsourcing / Make or Buy
4.2	Delivery Time in Construction / Projects
4.3	Overall Logistics Process
5	**Strategy / Marketing / Sales**
5.1	Strategy Processes
5.2	Marketing, Order Processing and Customer Service
5.3	Distribution
6	**Corporate Governance/ Organisation / IT External Communications**
6.1	Organisation Structure / Decision Making Processes
6.2	Knowledge Management
6.3	Project Management
6.4	IT
6.5	External Communication / Investor Relations

7	Finance
7.1	Currency
7.2	Interest
7.3	Credit
7.4	Country

8	Purchasing
8.1	Supplier Engagement/-Behavior/-Structure
8.2	Purchase Prices / Supplier Market Place
8.3	Infrastructure

9	Human Resources
9.1	Availability of qualified Personnel (R&D, Marketing etc.)
9.2	Key Personnel
9.3	Reward Systems / Development
9.4	Placement

10	Legal
10.1	Reaction to Chances in Legal / Accounting / Taxation Environment
10.2	Environment
10.3	Patents / Intellectual Property
10.4	Other Legal Risks

图 1-2

大宗农产品贸易企业经营分析要素

要素类型	分析要素	分析指标
规模与市场地位	规模	贸易品种多元性、收入规模
	市场地位	市场份额、业务资质
资源渠道控制能力	上游：农产品资源掌控力	上游资源控制力、产品自给率
	中游：加工等增值服务	加工能力
	下游：终端渠道控制力	客户类型、梯次结构
成本控制	仓储类型	普通仓、冷链库占比
	仓储能力	自持、租赁仓储占比及仓容
	物流能力	覆盖范围
		铁路、公路等占比情况
风险管理	资金管控	资金周转情况
	价格风险防控	货物购销周转情况、套保效果
	库存周转	政策性库存量占比、收储补贴等
		存货周转期限

图 1-3

【想一想】

1. 制约和影响企业生存发展的首要外部因素有哪些？

2. 列举一个事件，分析该事件对特定行业的影响，从风险和机会两方面进行分析。

【课外思考】

1. 从战略层面分析，风险可以划分为哪几个层次？

2. 阅读相关书籍，查阅有关企业风险识别的内部控制建设相关知识。

任务三 外部经营风险评估及应对

任务描述

识别出企业面临的外部经营风险，还需要对风险进行进一步评估和分析，针对不同的风险采取有效的应对措施。

知识准备 ①

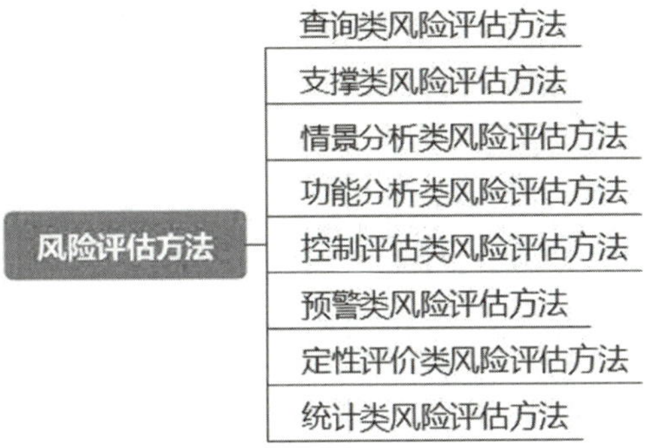

任务实施

步骤 1：初步风险评估。

图 1-4 和图 1-5 是内外部因素风险机遇识别评估表的参考示例：

① 推荐书籍：

1.《风险评估方法》，张曾莲编著，机械工业出版社，2017。

内外部因素风险机遇识别评估表

类型	类别	因素描述	风险和机遇分析	S. O. D评估			分值	风险等级	评估结果	风险和机遇应对措施	执行情况		完成状况
				严重程度	发生频度	可探测性					责任部门	完成时限	结果
外部因素	相关方要求	客户的需求	风险：客户对产品质量标准提高，以及对供应周期和售后服务的期望值提升，给公司生产、质量和售后管理提出新的要求 机遇：市场竞争的加剧，公司管理水平的提升，会给公司带来潜在的发展机遇	4	3	3	36	高	风险规避	1.加强与客户进行质量标准制定的沟通，统一双方的标准和检测方法 2.生产部门做好生产计划的安排，保证生产计划的执行 3.市场部门加大客户交流沟通，及时处理客户的需求和意见	研发部 品管部 市场部 生产部 总经理 市场部	全年	全部采取有效评审，并做好生产计划,同时加强顾客交流
		第三方的要求	风险：公司运行中可能会对第三方产生不利的影响，或是第三方的要求公司目前无法满足，由此造成冲突 机遇：第三方要求会完善公司的管理水平	3	3	2	18	低	风险降低	各职能部门加强与第三方的沟通，对第三方的要求及时进行处理，必要时及时提交公司高层进行资源配置，降低第三方的抱怨	各部门	全年	良好
		供应商要求	风险：原材料市场不稳定，希望签订年度合同和保底价格，带来的采购和资金风险 机遇：原材料可能会降价	4	3	2	24	中	风险规避	对公司影响较大的大宗原材料做好年度采购计划	采购部	全年	每月做采购计划
	法规要求	法律、法规内容变化	风险：公司通过认证的产品在以上区域进行销售；公司对当地国的法律、法规是否充分收集评估，并转化为公司制度执行，符合新法律、法规要求 机遇：公司产品结构转型，给公司带来潜在的客户	4	3	3	36	高	风险规避	1. 主要职能部门对产品销售国当地的法律、法规加强收集力度，并组织了解充分评估 2. 市场部门加大市场开发力度	人事行政部 市场部	全年	全部最新有效 本公司守法经营
		国家及行业标准的变化	风险：公司现有的制度，是否符合新行业标准的要求 机遇：行业生产环境变化，给公司带来潜在的客户	4	3	2	24	中	风险规避	1.主要职能部门按照要求加强国家及行业标准的收集评价 2.市场部门加大市场开拓	人事行政部 市场部	全年	全部最新有效 全部按照要求执行
	技术要求	新领域、新设备、新工艺	风险：公司现有的工艺、设备如果比较落后，造成产品的成本较高，缺少市场竞争力 机遇：通过引进新的设备、工艺，提高公司的工艺水平，降低产品成本，提高公司的市场竞争力	4	2	3	24	中	风险规避	公司根据目前的技术水平，制订技术攻关和设备改造计划，相关职能部门予以有效落实	研发部 品管部 市场部 生产部	全年	增加检查设备
		专利有效期	风险：公司产品专利有效期到期，影响产品的生产和销售 机遇：市场其他公司产品专利过期，转化为公司产品，带来新的发展机遇	4	2	1	8	低	风险规避	对公司的专利有效期定期进行评审，保证公司专利在有效期内。同时收集市场上到期产品的专利，及时提交公司高层进行评估	研发部	全年	有效，新增加中
内部因素	企业文化及价值观	企业文化宣传	风险：员工对企业文化不了解，无法长期地为公司做贡献 机遇：更新企业文化或制定新企业文化或新的制度	3	3	2	18	低	风险规避	在每天的上班前和下班前用若干时间宣讲公司的价值观念。总结会是月度、季度、年度部门和全公司的例会，这些会议应该固定下来，成为公司的制度及公司企业文化的一部分	人事行政部	全年	本公司产品有关的任何问题都能够在会议上得到解决
		公司股东及员工	风险：股东撤资，员工报怨或罢工 机遇：新股东加入或新员工加入	2	3	1	6	低	风险降低	企业章程约定撤资条件，定期对过程运行环境进行检查	总经理	全年	良好
		公司价值观认同	风险：员工对公司价值观不认同，无法更好地为公司做贡献 机遇：新招聘认可公司价值观的人员	3	2	3	18	低	风险降低	持续改进，追求卓越	人事行政部	全年	本公司在内部通过培训、张贴宣传等方式树立公司的价值观
	知识	知识积累	风险：知识积累不够，造成工作容易出问题，或效率低下 机遇：发现新知识并投入使用	3	3	3	27	中	风险规避	建立知识清单，定期与不定期更新。 本公司为了获取行业内先进的技术知识，为技术人员开通了互联网，便于其查询产品最新的发展方向和技术进步	人事行政部	全年	建立了知识收集和宣导的渠道，确保能够获得必要的知识
	绩效	绩效达成	风险：绩效未达成。造成公司总体目标不能完成 机遇：建立新的或合适的绩效	3	3	2	18	低	风险规避	定期考核，采取多方论证方法策划和执行	人事行政部	全年	绩效与本公司质量管理体系紧密结合，确保了质量管理体系的有效运行和持续改进
	财务	财务因素	风险：资金短缺，借贷未如期还款，企业运营困难 机遇：融资或财务学习	4	2	1	8	低	风险规避	1.公司积极推行固定资产转化为负债，增强现金流 2.积极融资，确保项目发展资金 3.做好财务预算，储备融资渠道 4.透明和完善财务及管理制度 5.借贷前进行风险评估	财务部	全年	财务状况良好，资金充足
		费用支付 资金回收	风险：公司产品主要销售区域的经济整体情况低迷，同时国内经济形势趋势严峻，加上银行收紧贷款的发放，给公司带来比较大的财务压力。应收款无法及时到位，增加了坏账的出现率 机遇：财务状况处理得当，会提高公司整体的竞争力	4	2	2	16	中	风险规避	1. 市场部门加快资金的回笼，减少公司资金压力，降低坏账出现的风险 2. 财务部门根据公司财务情况做好财务预算，防止出现财务风险	财务部 市场部 总经理	全年	
	资源	资源因素	风险：资源短缺或故障，造成生产中断或影响顾客交付 机遇：增加新资源	2	2	1	4	低	风险规避	做好资源维护计划并严格执行。不断储备新的资源	生产部	全年	厂房、设备、检测仪器全部满足要求
		人力因素	风险：人员短缺，企业无法运营 机遇：增加新人力资源	3	4	2	24	中	风险降低	培养多技能人员，适当储备人员。适当合理安排人员休假	人事行政部	全年	全部满足企业任职要求
	生产运营	生产运营因素	风险：生产中断或异常，造成产品质量问题或无法交付客户合格产品。产品召回、产品审核、使用现场的退货和修理、投诉、报废及返工返修 机遇：开辟新领域或改型	3	3	3	27	中	风险降低	制定良好的标准化作业和质量控制文件并严格执行，从人机料法环测（5M1E）等方面严格控制，按照公司文件化信息严格执行	生产部	全年	未出现

图 1-4

严重程度	描述	等级评分
非常严重	造成公司泄密、产品召回、自然灾害、人员伤亡	5
严重	公司经济/财产损失或产品不符合要求	4
较严重	影响产品质量或生产进度	3
一般	影响日常工作与生活	2
轻微	影响其他辅助性的工作	1

发生频度	等级评分
极少发生	1
很少发生	2
有时发生	3
经常发生	4

可探测性描述	等级评分
没有控制措施，不能探测	4
控制措施不能控制风险	3
控制措施能控制到风险可能性小，且不能防止危害影响到后续流程	2
控制措施能相应减少风险的可能性	1

图 1-5

根据以上分析，对平安药业有限公司进行内外部因素风险机遇识别及评估，并将结果填列到表 1-8 中。

表 1-8

类型	类别	因素描述	风险和机遇分析	S. O. D 评估			分值	风险等级	评估结果	风险和机遇应对措施	执行要求	
				严重程度	发生频度	可探测性					责任部门	完成时限

【想一想】

通过对近期原材料价格的分析，发现所有所需要的原材料价格皆有所上升，请分析原材料价格走势对企业经营的影响。

【课外思考】

1. 请根据选定行业，采集××招聘网站与企业当前主要岗位相关的人员薪酬变化数据。

2.请根据选定行业，以及淘宝网站上关于××的近期销售数据、购物车数据等，分析市场销售变化情况。

项目二　销售预测

学习目标

职业能力

1. 能够按照不同的分类要求收集数据，掌握识别异常数据和处理异常数据的方法；
2. 能够运用散点图和折线图等可视化图形分析时间序列数据变化趋势；
3. 掌握移动平均法和指数平滑法等时间序列预测方法的基本原理和适用范围；
4. 能够结合具体的预测环境对预测结果进行分析、评价，并在此基础上进行合理调整；
5. 能够灵活运用时间序列预测法解决实际生活中遇到的问题；
6. 能运用预测性分析的思维逻辑和使用时间序列预测法等工具解决商业问题；
7. 能学会对商业的敏感性分析，掌握对商业事件的应变能力以及对事件的处理能力。

职业素养

1. 养成运用可视化图表对数据进行分析的良好习惯；
2. 提高发现问题的敏感性，养成积极主动思考问题的良好习惯，并具备分析问题和解决问题的能力。

工作流程

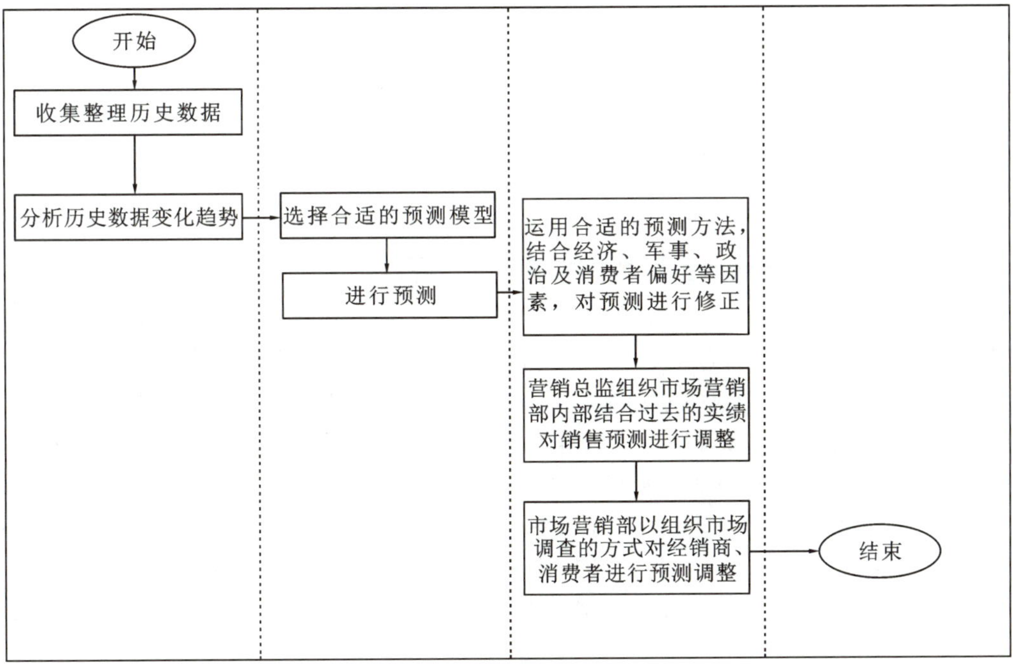

案例导读

越来越多的零售企业开始意识到销售预测准确率(forecast accuracy)的重要性,并开始对其进行评估。预测准确率和企业固定资本、供应链运营消耗成本以及运营资本管理的有效性有着直接联系,并最终深刻影响着企业 top-line 销售额和 bottom-line 利润率。

在实务中,大多数企业虽然对预测准确率以及一些基本的供应链运营绩效指标(比如库存周转率、库存供应总天数、准时交付率、物流成本、失销率等)进行衡量和考核,但没有把预测准确率对这些指标的直接影响进行完整的计算、展示和沟通,这就如同医生诊断疾病,只是将症状进行罗列但并未对成因进行全面分析一样。

预测准确率的价值

国际供应链理事会(SCC)的 SCOR 模型将销售预测准确率视为“渗透和影响企业各个部门的一个重要指标,并对销售额和利润率有着巨大的影响”。如图 2-1 所示,预测准确率的提升能增加销售额,同时降低成本,并对供应链的运营效率有着改善的作用,最终提升企业的投资回报率(ROI)。

增加销售收入 **提高客户服务水平**	销售收入的增加:正确的产品、正好的库存 顾客不再犹豫:足够量的产品不让顾客由于缺货而失单 商品的可选性提高:足够的产品不会让顾客选择竞争对手 品牌形象的提升:不会因为缺货而导致品牌的负面形象 产品成本的减少:浪费的减少有助于降低产品成本,最终为顾客省钱
降低成本: **减少操作成本,** **提高运营资本使用效率**	成品库存减少:只拥有将会卖出去的产品 原材料和半成品库存减少:原材料的采购和半成品的制造更加精准 供应链的运营更加流畅:生产、采购、物流等环节的浪费将会减少 资本投资的盲目性减少:资本投资的决策更加科学
提升股东利益: **收入增加和成本减少同时进行**	提升净利润率 提升投资者信心 提升股东的投资回报率 收益↑ = (收入↑ 成本↓) / 固定资产↓

图 2-1

过度的高预测和低预测都会直接影响企业的财务健康——过低预测会直接导致失销,并最终影响品牌形象。而为了弥补过低预测所带来的负面影响,企业往往会采取一些临时极端的方式,比如高价采购没有计划的零部件,以昂贵的空运来替代廉价的海运等,从而更加重财务负担。过高预测从另一个方面来说会导致成品、半成品和原材料库存积压,严重影响企业现金流和运营资本的健康程度,而后续的低价甩卖甚至是过期作废当作废品处置(write-off)则更是杀伤力巨大。

在图 2-2 中,国际商业预测计划协会(Institute of Business Forecasting and Planning)通过对不同产业和企业真实数据的研究,展示了销售预测准确率对企业财务状况的影响,即客户满意度、库存水平和低成本的运输方式在 SKU 层面与预测准确率的直接联系。

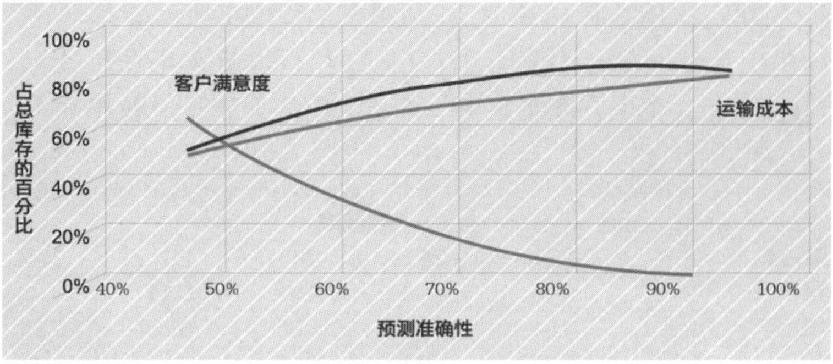

图 2-2

如图 2-2 所示，当预测准确率提升的时候，客户满意度随之上升，并在预测准确率达到 80%的时候，客户满意度接近 100%。同时，当预测准确率提升的时候，使用低成本运输方式如海运的产品在所有产品中所占比例也在上升。反之，当预测准确率从 100%下降至 70%的过程中，客户满意度则一直在 85%左右维持不变，这其实就意味着通过持有大量的库存并频繁使用高成本的运输方式来让客户满意。

进一步来讲，当预测准确率上升时，超过 60 天库存占总库存的比例也在下降；当预测准确率升至 85%以上时，该比例无限接近于 0；一旦预测准确率降至 80%以下时，超过 60 天的库存开始积压；而预测准确率在 50%左右，超过 60 天库存占总库存的比例达到惊人的 60%，这是任何一个 CEO 和 CFO 都不想看到的。

精准预测的正向效应

世界知名的供应链咨询企业 Oliver Wight 认为，精准的销售预测是有效库存管理的基础，它通过对美国一家服装企业的深入研究揭示了销售预测准确率和库存之间的关系。

该企业在实施销售预测改善项目之前，库存占其资本的比例达到 60%～70%，并且有上升的趋势，这些给其现金流带来了巨大风险。该企业在使用预测工具的同时，更对其销售预测流程进行彻底的改造，新流程不仅提升了销售预测准确性，更是为它的 S&OP 流程打下坚实预测基础，从而给后续的供应和需求平衡创造了条件。通过长达 12 个月的流程改善，其总平均预测准确率提升近 30%，从而带来了如下结果：

1. 减少成品库存 $ 280 万；

2. 减少原材料库存 $ 60 万；

3. 减少过期库存 $ 40 万。

Oliver Wight 的另外一个研究显示了库存周转率和毛利回报之间的关系，并且更深一步地阐述了预测准确率对企业财务状况的深刻影响。

北美的一家快速消费品企业通过采取 CPFR（collaborative planning forecasting replenishment）需求管理流程，借助有效的工具将预测准确率大幅提升，并带动库存周转率由14达到了32。在库存周转率为14的时候，毛利存货投资报酬率(gross margin return on inventory investment，GMROII)为＄4.42/箱，而在库存周转率为32的时候，GMROII为＄11.24/箱，增长了接近2倍。图2-3显示了库存周转率和毛利回报之间的关系。

	利润率					
周转率	20%	22%	24%	26%	28%	30%
14	3.5	3.95	4.42	4.92	5.44	6
16	4	4.51	5.05	5.62	6.22	6.86
18	4.5	5.08	5.68	6.32	7	7.71
20	5	5.64	6.32	7.03	7.78	8.57
22	5.5	6.21	6.95	7.73	8.56	9.43
24	6	6.77	7.58	8.43	9.33	10.29
26	6.5	7.33	8.21	9.14	10.11	11.14
28	7	7.9	8.84	9.84	10.89	12
30	7.5	8.46	9.47	10.54	11.67	12.86
32	8	9.03	10.11	11.24	12.44	13.71

图 2-3

预测准确率和损益(P/L)的联系可以通过图2-4显示出来。该图通过对Dell真实库存和财务数据的研究表明：当预测准确率增加时，某一个产品的损益曲线也呈上升趋势。但预测准确率一旦低于70%的时候，该曲线则开始急速下滑并呈现出严重的陡坡态势。而预测准确率从90%降至60%，给企业带来的成本竟然达到了不可思议的＄12。当然，该数据对于不同产业和产品可能会有不同影响，但至少能从一个侧面反映出预测准确率对于企业bottom-line利润率的深刻影响。

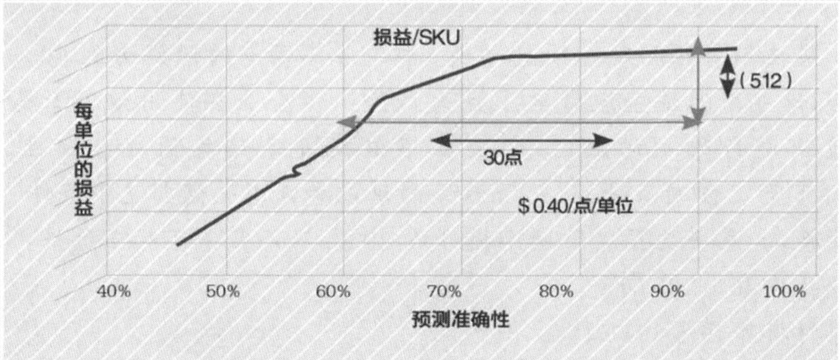

图 2-4

盈利是所有企业存在的重要意义之一，企业的所作所为其实都是围绕盈利这个核心在做文章。销售预测准确率在一部分企业内不被理解和认同的一个重要原因，就是没有和企业的核心决策体系相关联，导致其成为一个游离于决策体系之外的简单供应链绩效考核指标。

如果销售预测准确率运用正确的话，它将成为同时改善企业 top-line 和 bottom-line 业绩的有效利器。当然，销售预测准确率也不单纯是需求管理部门的责任，它需要销售、市场、财务、供应链等部门借助完善的销售预测管理流程和体系来通力合作，从而对“永远不 100%准确”的预测准确率进行有效管理。

【思政思考】

数据思维应用广泛而必要

“十四五”规划纲要提出，要将数字技术广泛应用于政府管理服务，提高数字政府建设水平。打造更高水平的数字政府，其核心意旨就是运用大数据提升国家治理现代化水平，通过促进政府治理思维的现代化变革，用治理理念创新推动政府管理和社会治理模式创新，实现政府决策科学化、社会治理精准化及公共服务高效化。不可否认，大数据已经成为国家治理函数的关键变量，尤其在后疫情时代，数字化转型需求愈发强烈，数字化治理逻辑成为焦点，大数据时代“下半场”正在拉开帷幕，唯有树立正确的大数据思维，才能更加有效地处理好“四个关系”，稳步推进国家治理能力的现代化变革。

大数据基础理论建设者舍恩伯格将大数据时代人类的思维革命概括为“更多”“更好”和“更杂”。在推动数字政府高水平建设的进程中，还需要对这种学术界定义的大数据思维做出深层次的阐释和凝练，使之转变为真正服务于国家治理现代化的理念和能力。

第一，把“更多——不是随机样本，而是全体数据”凝练为“辩证思维”。一切皆可量化，是大数据时代的最根本特征，大数据的规模化应用，必然以“万物数字化”为依托。在全社会的海量数据中，政府数据占了 80%以上，而这些数据大多处于“沉睡”状态，唯有开放才可能被“唤醒”。到底要不要开放？应该如何开放？这就需要运用“辩证思维”处理好“数据开放”和“数据安全”之间的复杂关系。习近平总书记强调，要学习掌握唯物辩证法的根本方法，不断增强辩证思维能力，提高驾驭复杂局面、处理复杂问题的本领。“辩证思维”的关键就是分析矛盾、抓住重点，在权衡利弊中洞察事物发展规律。政府是最大的数据生产者和拥有者，其公共数据率先纳入数据要素的市场化配置当中。这些数据在脱敏处理后不危害国家安全、不侵犯个人隐私、不涉及权属纠纷，分类分级地有序开放，其重点就是要把“数据治理”作为“牛鼻子”来抓，着力打造公共数据体系，协同推进公共数据开发利用的体制机制和数据安全的法律法规及标准体系建设。

第二，把“更好——不是因果关系，而是相关关系”凝练为“创新思维”。大数据分析技术为获取事物之间的相关关系提供了极大的便利，有效克服了现代科学探寻因果关系的现实困境，使人类得以更全面、更快速地把握事物的本质。这是一种颠覆式的思维方式变革，通过数据驱动的相关性分析方法，使“预测”成为大数据最核心的价值，也使“数据驱动决策”成为大数据时代的最佳实践，这体现的就是一种开拓创新的科学思维。大数据的特征不只是数据规模大，更重要的是其蕴含价值大，因此，数字政府的建设不能只停留在数据的汇聚层面，关键是要对数据进行分析挖掘，使数据价值化。

第三，把“更杂——不是精确性，而是混杂性”凝练为“战略思维”。精确性是信息匮乏时代的产物，在全球数据出现爆炸式增长的今天，数据多样性、复杂性和不确定性的特征愈发凸显。如果不能接受这些混杂性，大量的数据都无法被充分利用。因此，在大数据时代，我们追求的是一个大的框架，一种对模糊的准确度趋势的判断，这就要求我们高瞻远瞩、统揽全局，善于把握事物发展总体趋势和方向，其核心要义就是运用“战略思维”去拥抱和谋划大数据。要不断提高对大数据发展规律的把握能力，使大数据在各项工作中发挥更大作用。

思考：

1. 什么是数据思维？

2. 思考数据思维在本专业工作流程各环节中如何使用，并研究各数据采集点是什么。

任务一 基于时间序列法的销售预测

任务描述

歌莱斯女装是一家快时尚服饰企业，在销售过程中，伴随着上新时的各种宣传和促销活动，新品一经导入，需求就如洪水，上市即达顶峰。然后随着促销力度的下降，需求就一路走低，直到最终消失。对这类快消品，歌莱斯企业没有很好的预测方法，就只能凭经验，拍脑袋，从而导致过剩和短缺成了家常便饭。因为销售预测不准确而带来的库存积压、利润损失和缺货问题，这些看似简单的问题却可能会影响到供应链、客户服务甚至是品牌效应。

为了应对企业供需不平衡带来的经营风险，公司特别成立销售预测小组，主要负责对产品需求的预测。现在，你将作为销售预测小组成员之一，参与相关工作。请根据知识准备提供的学习资料，完成任务实施部分的工作。

知识准备①

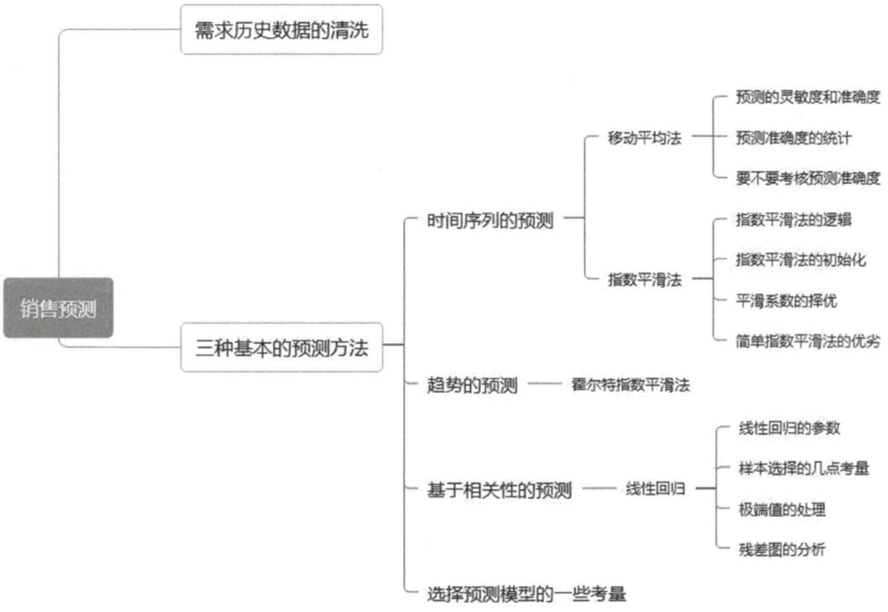

① 推荐书籍：
1.《统计预测和决策(第五版)》，徐国祥主编，上海财经大学出版社，2016。
2.《需求预测和库存计划：一个实践者的角度》，刘宝红著，机械工业出版社，2020。

任务实施

通过对知识准备部分的学习，你已经初步掌握了销售预测的基本知识，请选择合适的预测方法，对歌莱斯企业目标产品的销量做预测。

步骤 1：搜集整理历史数据。

1.1 销售数据特点

近年来电子商务发展迅速，服装品牌占领线下消费者市场的同时，加速扩张线上销售量，纷纷入驻天猫、京东、唯品会等平台。线上销售数据的特点是多维度、易获取。随着阿里巴巴、京东等电商平台处理流量数据能力的提高，服装企业可以快速地获得线上在售产品的多方面信息，其中包括销售量、访客量、收藏量、加购量、网页停留时间、销售转化率等维度。因此对线上销售预测所需要的原始数据的获取就比较轻松。

线下大部分门店现有的设施很难获取影响产品销售量的相关因素的数据(例如某个产品的试穿次数、触摸次数、注视时间、进店人数等)，获取数据的难度较大。

1.2 数据的采集

现在有很多数据服务商可以提供在线市场的行业和品牌数据(见表 2-1)。

表 2-1

数据服务商	数据来源
魔镜市场情报	从电商平台公开网页上获取商品的销量、价格、评价、品牌、类目、属性以及其他商品相关字段的数据，然后通过大数据集群对各个字段/维度进行销量的汇总或交叉汇总，从而生成品牌、类目、价格段、属性等各维度的销售统计信息； 原始数据的维度包括(部分维度在不同平台上会有差别)时间、销量、销售额、价格、划线价、标题、SKU、品牌、类目、地域、型号、尺寸、重量、功效、各种商品属性、评价等； 部分平台公开页面上不提供商品销量的，使用统计模型来估计其销量
数据威	可提供天猫数据和淘宝数据，更覆盖京东、国美、苏宁、聚美、唯品会、考拉等国内主流电商平台，涵盖全行业、全品类、全网电商数据，可进行多重属性交叉分析
知衣科技	覆盖 400 000 家服装行业淘宝及天猫服装店铺数据

女装及彩妆商品类目如表 2-2 所示。

表 2-2

一级类目	二级类目	三级类目
女装	套装制服	时尚套装
彩妆	面部	粉底液

请选择要预测的商品进行销售量的获取。

选择采集的时间区间：

________年________月________日至________年________月________日

将获取到的销售数据放置在表 2-3 中。

表 2-3

时间	销售额	访客量	收藏量	加购量

如图 2-5 所示，采集毛呢秋冬高腰直筒宽松休闲小脚裤 2019 年至 2021 年的销售数据，绘制折线图。将获取到的销售数据自行选择方法绘制可视化销售图形。

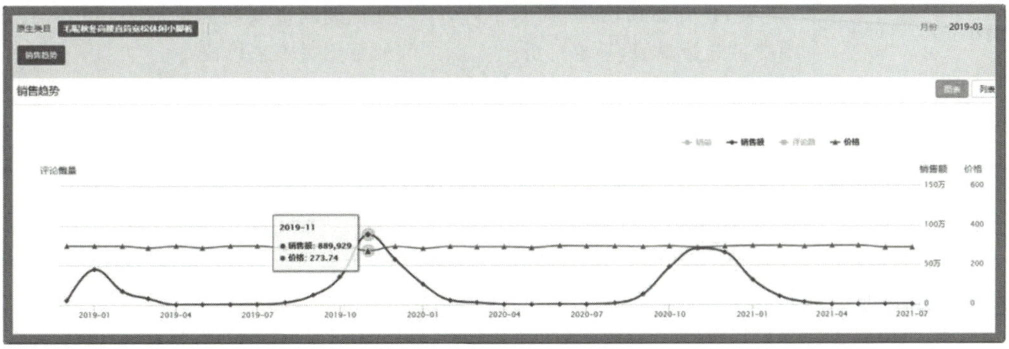

数据来源：魔镜市场情报

图 2-5

请参考上图，绘制销售数据折线图

1.3 数据的预处理

数据质量直接决定模型的效果，因此，数据清洗是不可缺少的一环，通常占数据分析 50%～80%的时间。网上常说的数据分析，主要对象是这几年流行的“大数据”，而清洗工作也主要是通过计算机完成的。比如检验数据的一致性，发现超出正常范围、逻辑上不合理或者相互矛盾的数据，供进一步核对和纠正；用样本均值、中位数或众数代替无效值和缺失值，删除特定样本甚至删除整个变量等。

在上一步采集的数据中，将异常值、缺失值等异常的数据标识出来，并选择处理方法，填入表 2-4。

表 2-4

异常值类型	异常值	产生原因	处理方法
例如：偏小值	148	“双 11”开始前两周，需求下降，消费者开始观望，等着打折	促销期间以及相邻的时段，用之前一段时间的平均需求来代替

绘制数据处理完毕后的趋势图。

步骤 2:分析历史数据变化趋势。

确定趋势成分是否存在,可以从绘制时间序列的线图入手,从线图中,可以看出时间序列中是否存在趋势,以及所存在的趋势是线性的还是非线性的。也可以利用回归分析拟合一条趋势线,然后对回归系数进行显著性检验,如果回归系数显著,就可以得出线性趋势显著的结论。

例如图 2-6,使用魔镜市场情报查询 2020 年度糕点/点心在淘宝平台的销售量与销售额,绘制趋势图。

时间序列数据由于受到多种因素的影响,在不同时期的观察数据存在差异,所呈现出来的变动趋势也不完全一致。从数据分析的角度来考虑,我们需要研究:

- 序列是否在固定水平上下变动;
- 此水平是否也在变动;
- 是否有某种上升或下降的趋势;
- 是否存在季节性的模式;
- 是否季节性的模式也在变更;
- 是否存在周期性规律和模式。

按变动趋势的性质不同,可分为长期趋势变动、季节变动、循环变动和不规则变动四种。

判断上述采集到的销售数据的变动趋势:

□不规则变动　□呈周期性线性增长变化趋势　□呈稳定下降变化趋势

□呈周期性变化趋势　□呈平稳波动变化趋势　□呈稳定增长变化趋势

步骤 3:选择合适的预测方法。

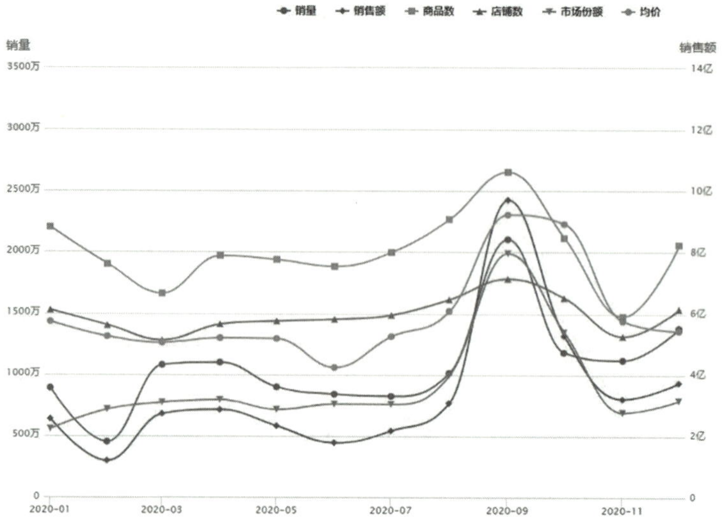

数据来源：魔镜市场情报

图 2-6

时间序列预测法的基本步骤：

第一步，先找出数据是否含有趋势性、季节性等特征。

第二步，对不同特征的数据采用不同的模型。

为上述时间序列趋势选择几种不同的预测方法，填入表 2-5。

表 2-5

序号	选择预测方法
1	
2	
3	

步骤 4：利用最佳预测方案进行预测。

将各模型参数进行设置，生成预测的模型，输出预测结果，填入表 2-6。

表 2-6

选择预测方法	确定模型参数	生成模型	输出预测值
1.			
2.			

续表

选择预测方法	确定模型参数	生成模型	输出预测值
3.			

对比各模型的平均绝对百分误差，选取误差最小的结果作为最佳结果，填入表 2-7。

表 2-7

预测方法	平均绝对百分误差
1.	
2.	
3.	

选择的最佳预测模型为________________，输出的预测结果为________________。

【想一想】

1. 对于异常值的分析，需要结合实际，请列举一些异常值有分析价值的情景。

2. 对于趋势，我们可用霍尔特法，也可用线性回归法来预测。这两种方法有什么区别？

3. 指数平滑法跟移动平均法相比，有什么优点呢？

【课外思考】

1. 假如你们公司正在开发一款全新的产品，由于市面上并没有对标产品，也没有历史销售数据可参考，公司准备用德尔菲专家判断法预测新产品的需求。产品的物料清单里有个芯片，供货周期为 8～12 周，你需要给代理商滚动 3 个月的采购预测。如何提高首轮预测的准确度？

2. 有个代理商的库存和交付一直是个问题：短缺时有发生，而手头的整体库存却居高不下。他们想从需求预测和库存计划着手，解决这个问题。他们的计划主管首先导出几个产品的历史销量，做了折线图，却发现这些历史数据只有 50 周的，剩余的 2 周数据缺失，该如何保证数据的准确性？

任务二 分析影响销量变化的因素

任务描述

通过任务一的学习实践，我们已经将采集处理好的销量预测的原始数据运用销售方法进行了销量的预测。

歌莱斯作为服装电商，其产品是女装，属于快时尚产品。女装需求本身就很难预测：产品生命周期短，季节性明显，产品的式样、颜色、尺寸众多，从布料到半成品再到成品，整个供应周期动辄在 3 个月左右。电商又增加了一维难度：各种社交媒体、搜索引擎等让我们能够很快影响需求，但也加剧了需求的波动性，让不确定性高的需求更加难以预计。快时尚的服装，再加上电商，需求和供应的复杂度都很大，给供应链计划和执行带来的挑战十分艰巨。

在这种挑战重重的“快时尚＋电商”环境下，整个供应周期为 13 周，要提前 13 周做预测。做初始预测的时候，甚至连产品设计、生产工艺都还没有定型，预测的准确度很低。预测不准，就得“尽快纠偏”，即在整个产品生命周期，伴随新产品的开发、导入和量产，信息越来越多，我们该如何分析影响销量变化的因素，使得销售预测更加准确呢？

知识准备①

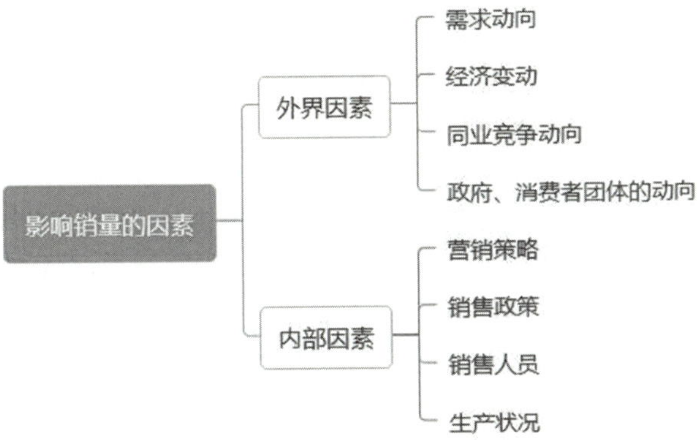

任务实施

通过对知识准备部分的学习，你已经掌握了使销售预测更加准确需要考虑的因素，整理歌

---

① 推荐书籍：

1.《市场营销管理职位工作手册(第 2 版)》，程淑丽编著，人民邮电出版社，2009。

2.《应用时间序列分析》，何书元编著，北京大学出版社，2003。

莱斯服饰做销售预测时需要考虑的因素。

步骤 1:整理影响企业销量的因素。

对于零售企业,在节假日销量会出现一个高峰,不同的季节,各类商品的销量也会出现不同。例如影响服装销量有很多因素,温度、月份、节假日、工作日等都会影响销售变化趋势。通过数据探索,可以发现一些品类和温度会有强正相关,一些品类反之。同样一些品类存在很强的季节性因素,包括发现了大促月份会造成很强的波峰波谷现象。基本所有品类周六、周日和节假日的销售额相比较工作日提升很多。

表 2-8 列示了影响销量的外界因素与内部因素。

表 2-8

外界因素	需求动向	流行趋势、爱好变化、生活形态变化、人口流动
	经济变动	突发事件
	同业竞争动向	竞争对手的目标市场在哪里、产品价格高低、促销与服务措施
	政府、消费者团体的动向	政府的各种经济政策、方案措施以及消费者团体的要求
内部因素	营销策略	市场定位、产品政策、价格政策、渠道政策、广告及促销政策等变更对销售额所产生的影响
	销售政策	管理内容、交易条件或付款条件、销售方法等
	销售人员	销售人员素质
	生产状况	货源是否充足、能否保证销售需要等

步骤 2:根据步骤 1 的分析结果,挑选出当前影响企业销量的因素。

将可能导致销量出现异常的因素,列入表 2-9。

表 2-9

影响当前企业销量的因素	
1.	
2.	
3.	
4.	
5.	
…	

【想一想】

1. 爆发性产品预测时需要考虑的因素有哪些？

2. 讨论未来销量不确定性的来源。

【课外思考】

1. 对于销售预测的调整，可以参考哪些岗位员工的意见呢？

2. 从宏观环境、刚需、政策等多方面，分析中国汽车市场 2023 年销量预测。

任务三　量化影响因素

任务描述

在新产品计划上，歌莱斯公司的计划人员只扮演执行者的角色，把销售、产品等职能部门给的“数字”录入系统就认为工作完成，然后不管不顾地一路往前走了。他们认为，预测模型是预测解决方案中最有技术含量的部分，最能体现不同预测软件差异化的部分，但实际上并不是。一是软件中的模型基本上都是公开验证的通用模型，软件商独创预测模型很难。二是系统优选的预测模型，大多数集中在1～2个经典的预测模型，其他模型被优选的概率很小。因此，不同的预测软件很难通过预测模型实现预测准确率的差异。模型只是提供一个基础手段，制定各个品种、各个周期销量的基准预测。如果要提高预测准确率，还要在基准预测基础上进行精细化调整。

该如何进行精细化调整？首先要收集和量化那些重要的影响因素，并挖掘其与销量之间的潜在关系。这是销量预测的难点与关键点。

知识准备①

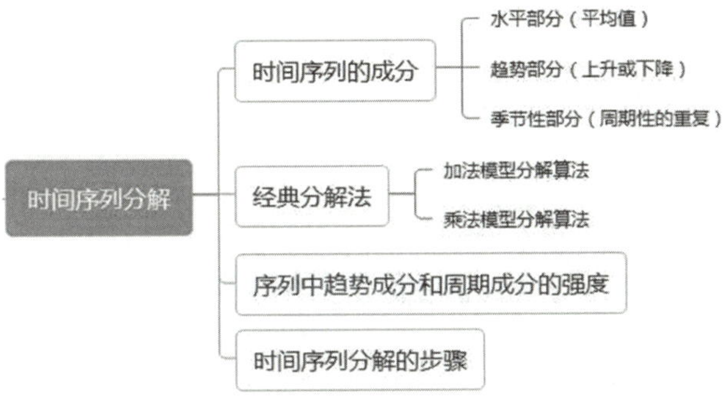

任务实施

通过对知识准备部分的学习，你已经掌握了时间序列分解的要点，对影响歌莱斯服饰销售预测的因素进行量化分析。

销量预测可以简单地概括为一个从数据到模型，再从模型到预测的过程。

如图2-7所示，从数据到模型可知，我们需要通过历史销量数据得到销量与趋势、季节性、

---

①　推荐书籍：

1.《供应链的三道防线：需求预测、库存计划、供应链执行》，刘宝红、赵玲著，机械工业出版社，2018。

2.《供应链管理：高成本、高库存、重资产的解决方案》，刘宝红著，机械工业出版社，2016。

周期性、促销、广告、节假日等内外部因素之间的一个量化关系，也就是模型。从模型到预测可知，当我们在模型中输入对应预测时间窗口的上述影响因素即得到相应的预测值。

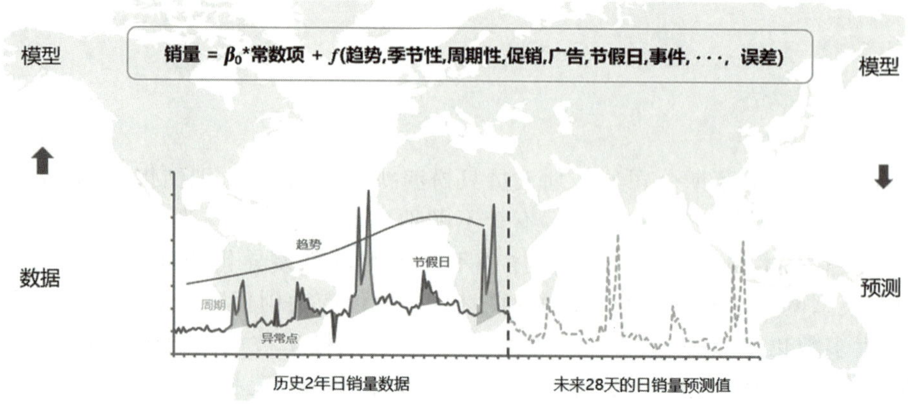

图 2-7

步骤 1：因素相关分析。

1.1 事件影响

如图 2-8 所示，截取了某餐饮门店过去一段时间内的历史订单销量走势，我们可以直观地看出，2019 年餐厅每日订单量整体走势较为平缓，2020 年由于新冠疫情的影响，订单业绩曾发生断崖式下降，往后呈现逐步回升的迹象。

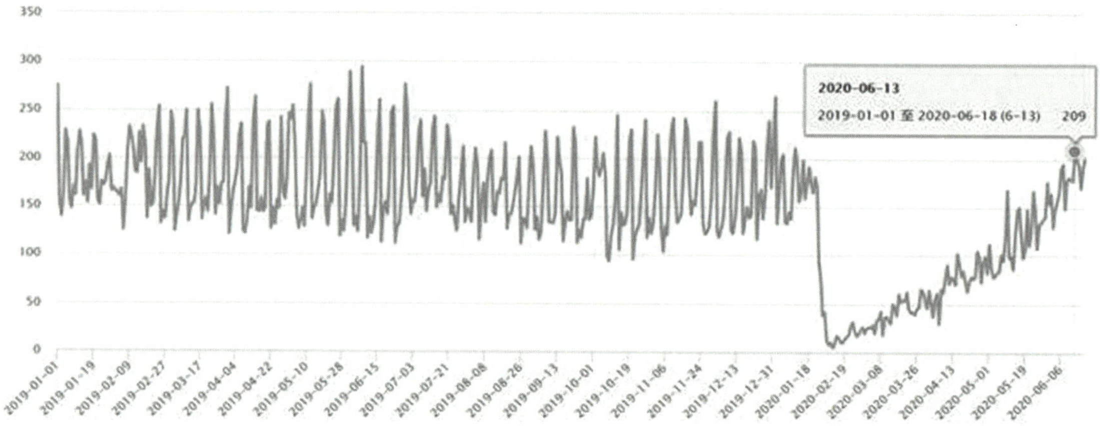

图 2-8

从任务一的可视化趋势图，分析是否存在事件影响因素，将可能存在的事件影响列示在表 2-10 中。

表 2-10

数据区间	影响事件

续表

数据区间	影响事件
…	

1.2 周末效应

如图 2-9 所示为某菜品销量走势图，从图形上可以直观地看出菜品日销量的周期效应十分明显，周末两天销量会突增。

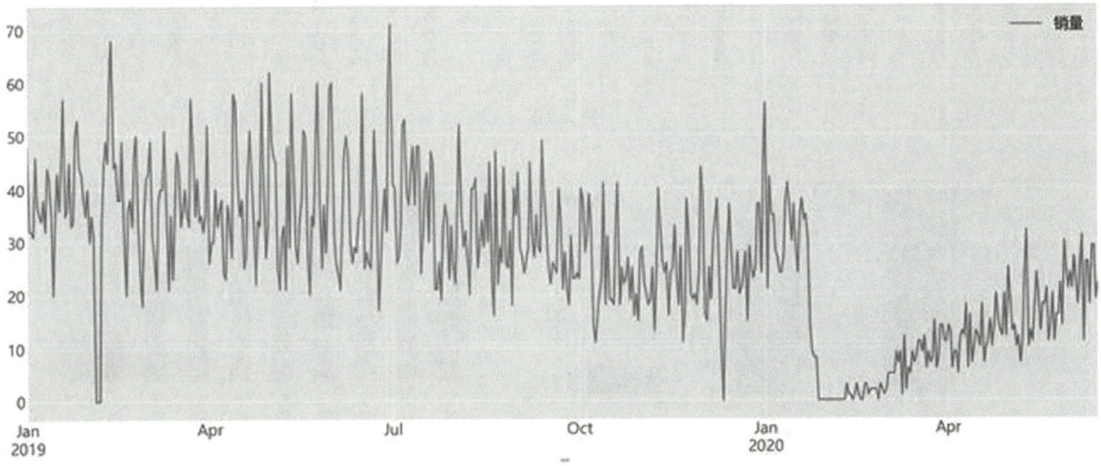

图 2-9

分析任务一的可视化趋势图，是否存在周末销量增加的情况。

□存在周末效应　　□不存在周末效应

1.3 淡旺季效应

从图 2-10 所示的菜品月度销量时间序列图上可以看出，在非疫情期间的 2018 和 2019 年，1 月、3 月、5 月旺季效应明显，11 月淡季效应明显。

2020 年疫情期间，每月销量几乎呈线性趋势回升，且后劲较足。

如图 2-11 所示，2019 年较 2018 年菜品总销量呈下降趋势，若按季度来看，Q1 和 Q2 旺季效应明显。

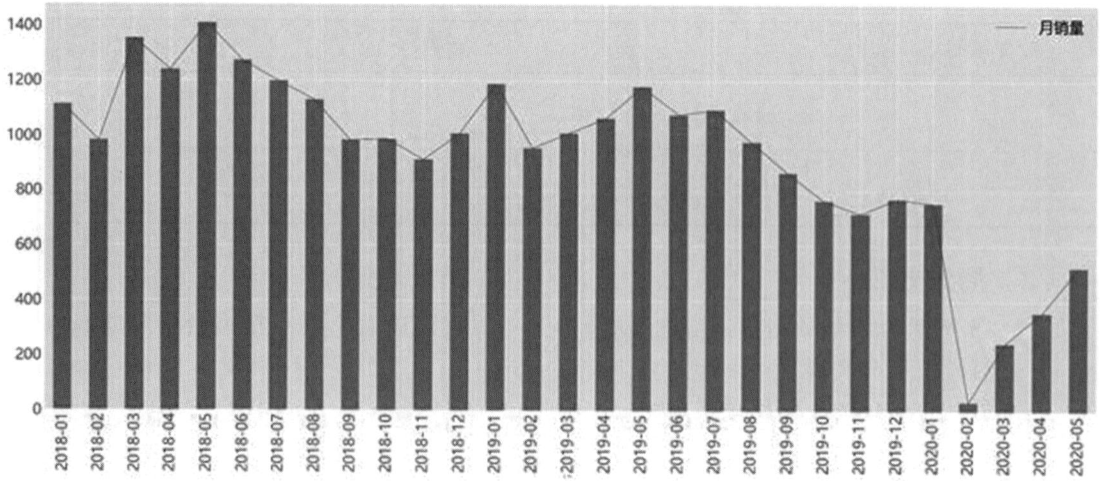

图 2-10

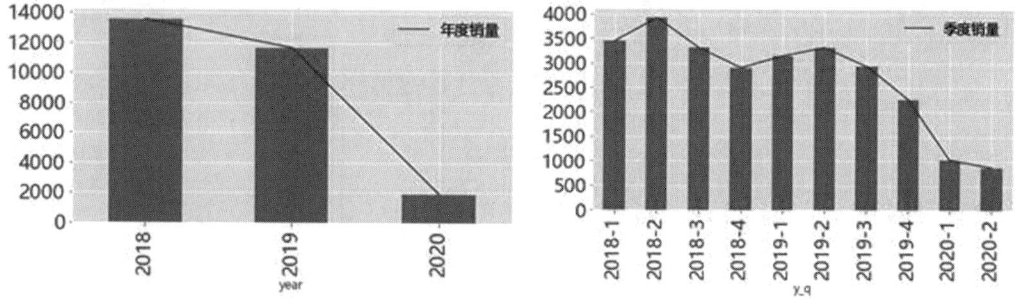

图 2-11

分析任务一的可视化趋势图,是否存在淡旺季效应的情况。

□存在淡旺季效应　　　　□不存在淡旺季效应

步骤 2:量化影响因素。

时间序列成分分解是非常重要的销量走势分析方法,以下采用乘法模型(另外还有加法模型):

成分解释:Original 为原始销量序列,Trend 为长期趋势序列,Seasonality 为周期指数序列,Residuals 为残差序列(随机波动)。

模型概述:Original=Trend * Seasonality * Residuals。

2019 年某菜品每日销量时间序列成分分解图如图 2-12 所示。

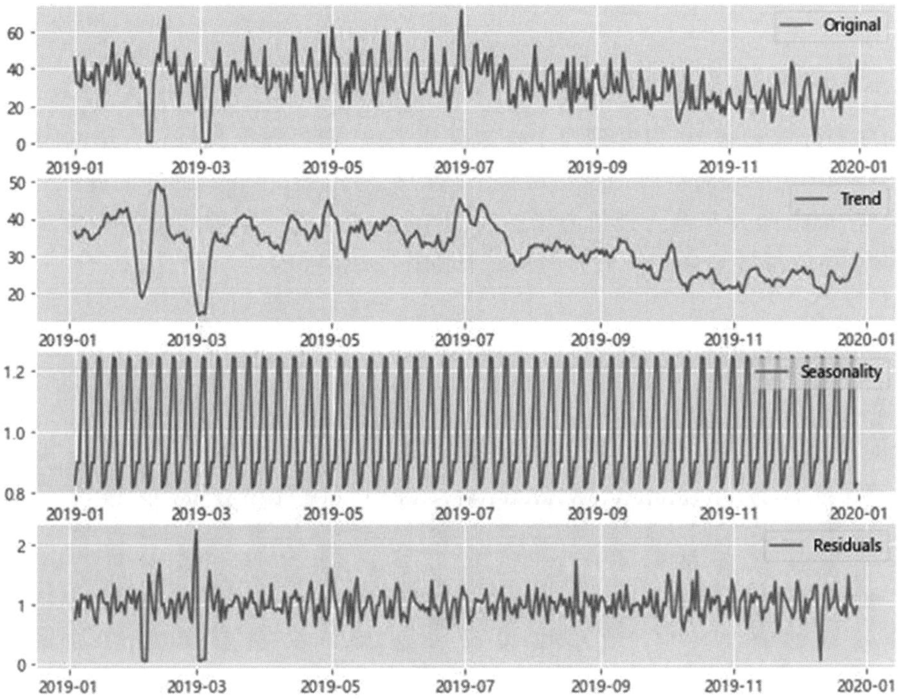

图 2-12

将任务一采集的时间序列运用乘法进行分解。

从时间序列分解趋势,可以看到对于餐饮行业来说,销售数据具有以下影响因素:

长期趋势:2019 年菜品的日销量呈缓慢下跌的长期趋势,年底有回升的迹象。

周末效应:周末两天普遍为销量激增的时段,周五又比周一至周四销量略高。

2019 年该菜品每日销量的节假日效应统计如图 2-13 所示。

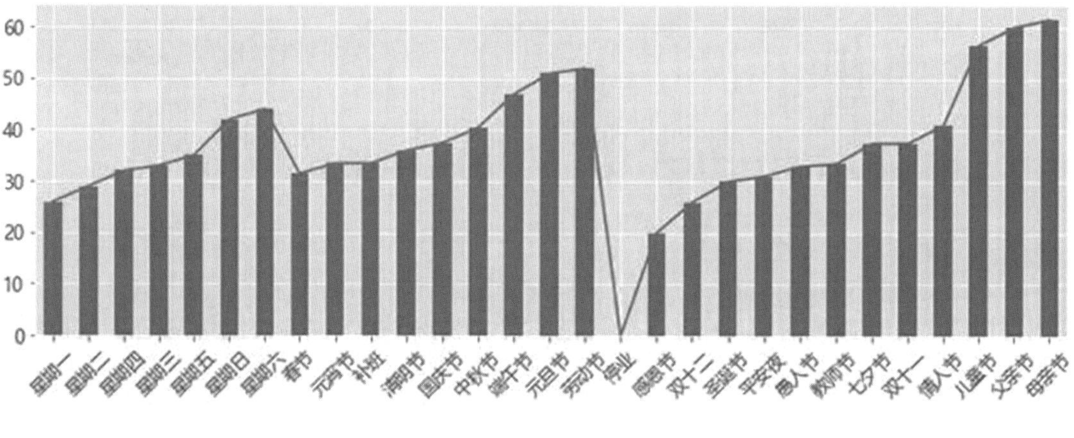

图 2-13

将任务一时间序列按照节假日进行数据统计。

再看图 2-14 和图 2-15 所示的 2020 年菜品销量,疫情期间由于大环境的不确定性因素,销量规律被打破,5 月份以前都没有特别突出的周末效应和节假日效应(6 月份以后周末及节假日效应才逐渐恢复),从所选数据来看,周六和周五的销量会偏高一些。

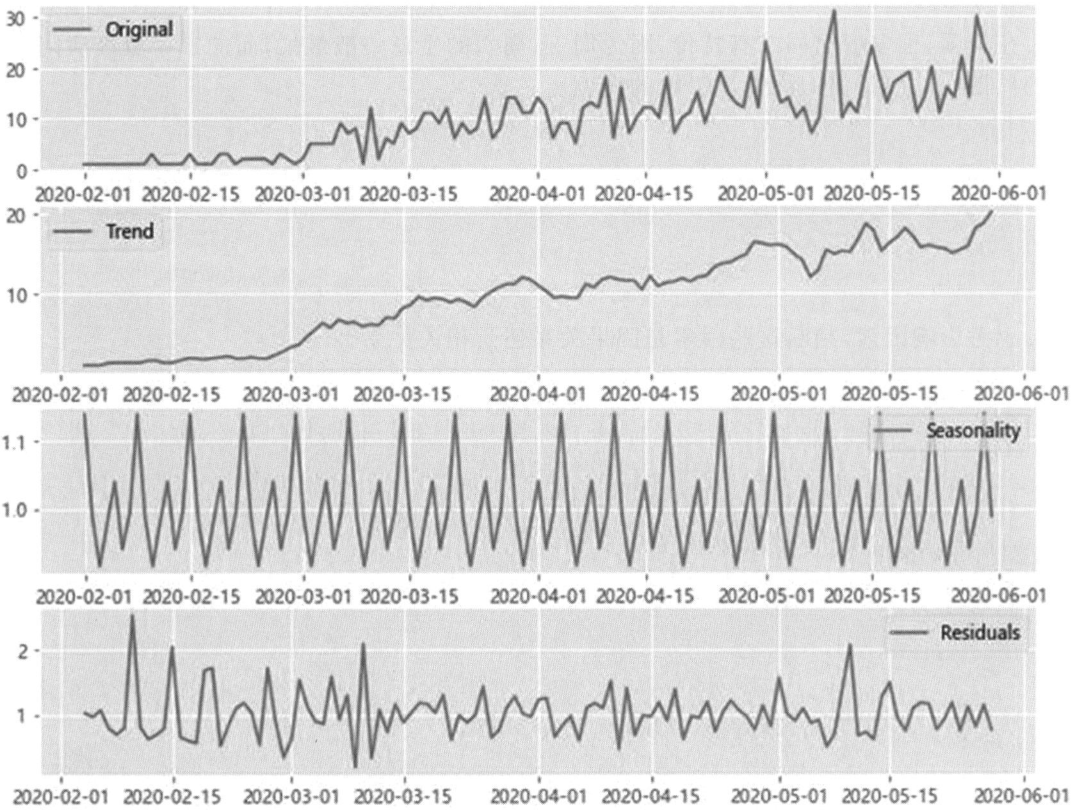

图 2-14

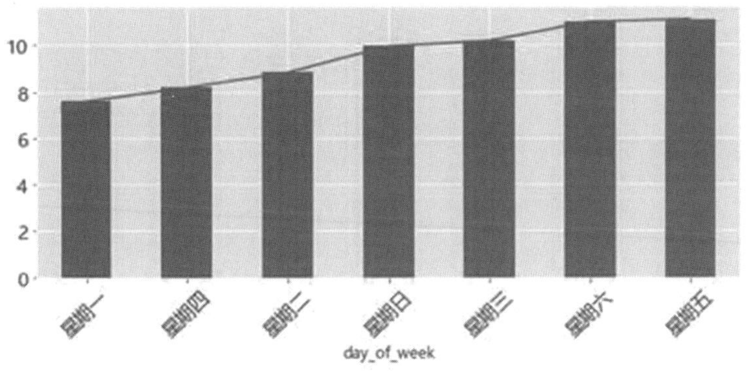

图 2-15

因素相关分析：

因素相关分析可以帮助企业挖掘出影响产品销量走势的重要相关因素，企业可以根据因素的变化提前获知产品需求的涨跌。

基于已有的历史留存数据，我们暂时可以选取以下影响因素对菜品销量进行建模预测，其中包括节假日、周末、气温、风速、天气、历史销量特征等。

【想一想】

1. 在美国，很多餐馆周二有特价，因为周五、周六的生意一般最忙，而周二一般最清闲，这是一周的周期性。列举类似周期性影响的案例。

2. 思考影响因素，判断这些因素是因果关系还是相关关系。

【课外思考】

1. 宏观环境：

2. 竞争因素：

3. 微观环境：

任务四　调整预测结果

任务描述

系统基于预测模型输出的预测结果，往往与实际情况差距较大，需要在基准预测基础之上进行调整。由于业务千差万别，所需要的调整也多种多样。正是预测调整功能的不同，拉开了不同预测软件性能的差距，导致不同的预测准确率。

一个好的预测是“从数据开始，由判断结束”：在需求历史基础上，采取合适的预测模型，制定基准预测；然后找到销售、市场、产品管理、渠道管理等职能，征求他们的意见（判断），比如促销计划、新品导入计划、竞品的情况等，又或者可以根据公司层面的市场计划、业务目标等进一步调整，最终得到预测结果。

那么歌莱斯的预测人员该如何对预测模型输出的结果进行调整呢？

知识准备

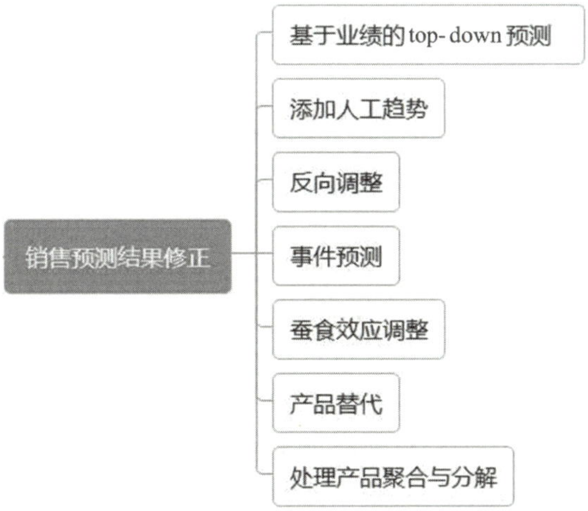

任务实施

通过对知识准备部分的学习，你已经掌握了对销售预测进行调整的方法，基于当前歌莱斯服饰公司根据预测模型输出的预测结果，并结合上述影响服饰销量的因素分析，对当前的预测结果进行调整。

步骤1：选取调整方式。

选取上述调整方式中的一种或者多种来进行调整，并将选取的原因填列在表2-11中，表中已经举例。

表 2-11

	调整方法	选取原因
1. 事件预测	在正常预测值基础上添加事件影响销量，从而形成新的预测	“双 11”、“618”、春节促销、圣诞促销
2.		
3.		
…		

步骤 2：进行预测调整。

结合上述调整方法，对预测结果进行调整，填入表 2-12。

表 2-12

	调整方法	输出结果
1. 事件预测		
2.		
3.		
…		

经过上述的预测结果调整，在实际业务执行中，还需动态执行跟踪，根据每日数据动态跟踪预测执行情况。计划人员可以设置阈值，对预测偏差超过阈值的品种进行突出显示，以提醒业务人员及早采取措施纠正偏差，从而提高预测准确率，这也是提高预测准确率的一种有效方法。

【课外拓展】

季节性强，一锤子买卖如何预测？

季节性强的产品，生命周期就短，比如女孩子们穿的漂亮衣服，需求的不可预见性高，预测多了，呆滞风险大增；预测少了，补货周期又长，补货几无可能。这就相当于一锤子买卖。我们这里探讨该怎么预测。

这种产品的典型就是日报：作为报童，每天进多少张报纸最合适？进得多了卖不掉，导致最后打折卖甚至扔掉，是库存成本；进得少了不够卖，有营收损失，是机会成本。学者们研究了多年的“报童模型”，如图 2-16 所示，就是从数理统计的角度来模拟这两种成本。

直观地讲，进货的数量越少，卖掉最后一张报纸的概率越大，这时候边际收益高于边际成本；进货的数量越多，卖掉最后一张报纸的概率越小，边际成本渐渐超过边际收益；当两者的边际期望值相等的时候，就是最佳的进货量。

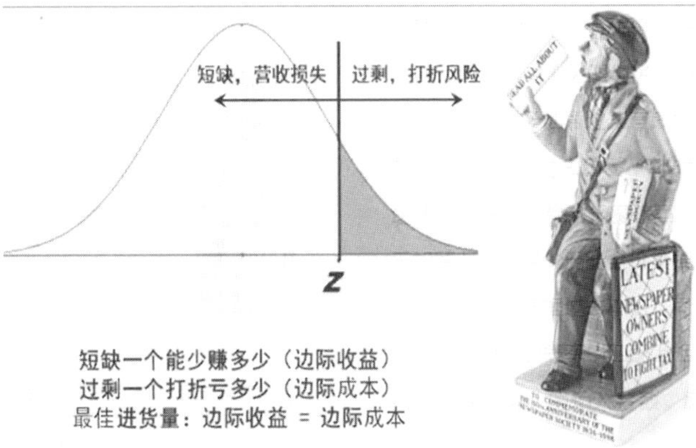

图 2-16

“报童模型”的应用范围非常广，特别是对于生命周期很短的产品，如生鲜、面包、糕点等。“不卖隔夜肉”的钱大妈就是典型的例子：凡是当天进店的货，当天就得卖完，到了晚上 7 点就开始打折，半小时降一折，一直到免费派送（见图 2-17）。

图 2-17

这背后的逻辑就是“报童模型”：假定这个门店要进 20 斤胡萝卜，有多少斤能全价卖掉，多少斤打九折，多少斤打八折，这根据过去本店、同类店的销售历史能够量化，求出相应的概率，匹配上相应的成本和收益，就构成“报童模型”的输入参数，反推即求得最佳的进货量。

或许有人会说，有销售历史的好办，但问题是在快消品行业，产品当季上当季下，没有需求历史怎么办？我们可以考虑采用专家判断法，组织来自销售、产品、计划、运营等多个职能的专家，根据以前有可比性的产品，分别背靠背独立预测这个产品的销量（背靠背是为了减少相互之间的影响，特别是强势人物、强势职能的影响）。围绕多个预测值，我们可以求其平均值、标准差，得到图 2-16 所示的正态分布曲线，然后我们量化边际收益与边际成本，确定最终的预测。

项目三　产品定价

学习目标

职业能力

1. 了解收集产品供求数据的基本路径；
2. 了解企业基本定价目标；
3. 了解产品定价的基本方法；
4. 了解成本的含义及其分类；
5. 掌握成本性态的含义及固定成本与变动成本的划分；
6. 理解变动成本法和完全成本法的区别和各自优点；
7. 了解影响产品价格调整的主要因素。

职业素养

1. 遵守市场秩序，避免盲目调整价格引发价格战，扰乱市场秩序；
2. 促进财务与业务的相互融合，培养全面分析问题、深入思考问题的能力。

工作流程

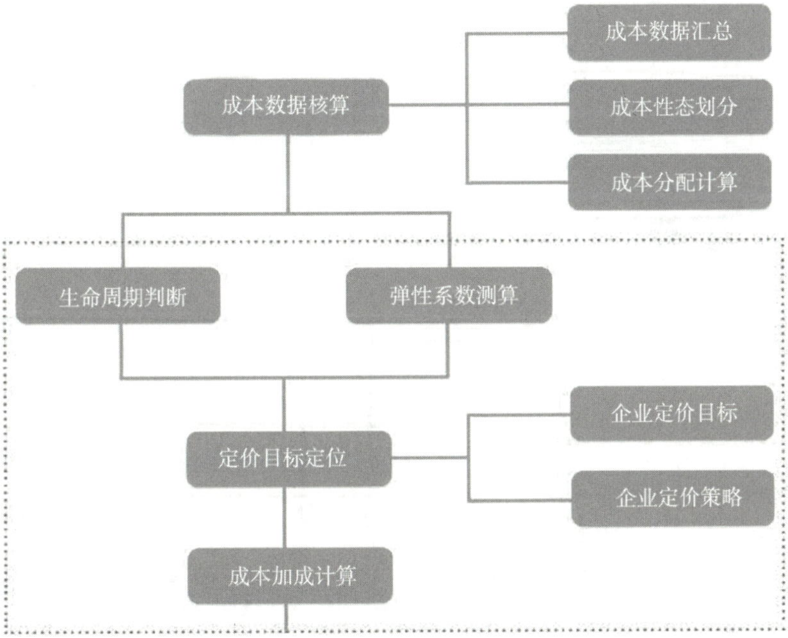

案例导读

利润提升25%：揭秘亚马逊“动态定价体系”

如果你关注过某款产品在电商的价格，你就会发现，它是在一直变化的，这套体系被称为“动态定价体系”，这一切其实都是系统故意的——我们不妨来看看，亚马逊的动态定价体系是如何“薅用户羊毛”的。

在亚马逊上，如果你对某产品的价格不满意，那么不妨等10分钟，因为价格很可能发生变化。2013年价格调研机构Profitero的数据显示，亚马逊每天会对产品价格调整250万次，而与此形成鲜明对比的是沃尔玛和百思买(Best Buy)，这两家机构在2013年11月份分别只调整了约50 000次价格(见图3-1至图3-3)。

▲亚马逊的价格变动

图3-1

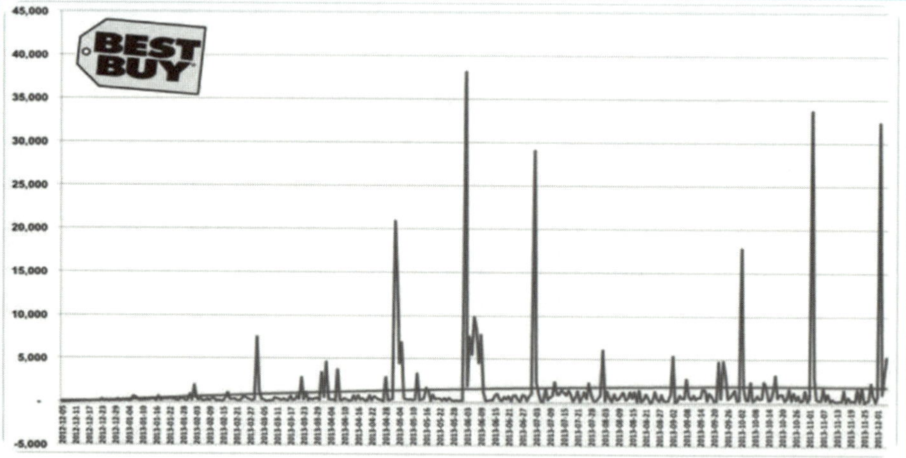

▲百思买的价格变动

图3-2

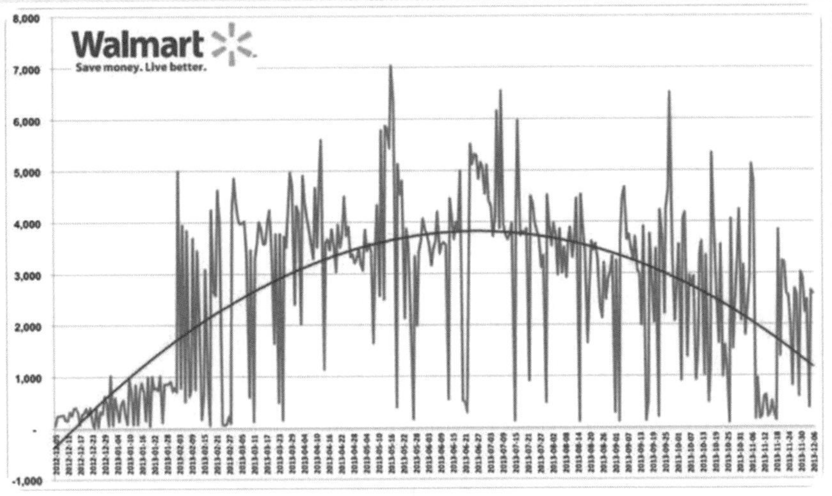

▲沃尔玛的价格变动

图 3-3

Profitero 还指出，在 2013 年全年，亚马逊将每日价格调整的数量提升了 10 倍。

对于部分消费者来说，这种疯狂的价格调整机制是令人不爽的，毕竟自己刚买完某个商品，然后商品就降价了，这个体验实在太糟糕了。不过对亚马逊来说，这一波波疯狂操作帮自己提高了 25%的利润。

其实原因很简单，这一切都是大数据。

15 亿件商品，再加上 2 亿用户，亚马逊拥有的数据量就已经达到 10 亿 GB 了，如果你用一块 500 GB 的硬盘将这些数据存下来，再把这些硬盘叠成一摞，其高度大约是 8 个珠穆朗玛峰。在这些数据的帮助下，亚马逊就可分析用户的各种购买特征、竞争对手的价格、利润率、库存等，这样就可以做到每 10 分钟就对一些产品进行价格调整，在保证其价格具有相当竞争力的同时，榨取更多利润。

于是，亚马逊就在这个过程中发现了一个赚钱大法，也就是在比较火的商品方面降价，做到更便宜，而在那些不太经常购买的商品上提升价格——比如说降低畅销小说价格的同时，提升那些晦涩难懂的书籍的价格。

逻辑非常简单，当消费者经常搜索那些比较畅销的商品时，慢慢会得出一个“亚马逊的价格很不错”的结论，而此时，当他们需要购买不是那么常用的商品时，也就懒得比价，直接去亚马逊买走了，于是亚马逊也就赚到了钱。

其实，在数据驱动方面，亚马逊比较经典的案例还包括“基于你的搜索进行推荐”和“买了这个的消费者，还买了……”，这时候亚马逊只要将海量消费者的数据整合到一起，就可以完成推荐了。

更可怕的是，亚马逊还会根据你在 Kindle 图书中画的重点进行推荐，所以你会发现对亚马逊来说 Kindle 赚的根本不是设备的钱，而是你消费的图书和未来可能给你的各种推荐，进而赚的钱。

再往后说，当亚马逊预测你可能会购买某种商品后，他们就可能会把该商品配送到距离你最近的仓库，一旦你下单，亚马逊就可以以较低的配送成本给你带来更好的体验。

而这一套逻辑已经有了一个专利，叫“预测配送模型(anticipatory shipping model)”，事实上也开始被更多零售商使用(比如在中国，沃尔玛推出的云仓)。

文章来源：零售威观察，有改动

【思政思考】

稳定市场就是稳定民生与民心

稳定物价对于我国的居民生活是很重要的，如果不限制物价的飞速上涨，将会提高居民的消费。

货币政策的最终目标，也称为货币政策的日常目标，是指中央银行希望通过制定和实施货币政策来实现的最终目标。货币政策作为国家宏观经济的重要政策之一，价格稳定措施最终目标的制定是与一定时期的社会经济发展相联系和相适应的。总的来说，银行中央货币政策的最终目标包括价格稳定、充分就业、经济增长和国际收支平衡。

稳定物价是指中央银行通过实施货币政策保持物价基本稳定，短期内没有明显或急剧的波动。价格稳定的目标是银行中央货币政策的首要目标，其实质是货币价值的稳定。价格稳定措施衡量价格是否稳定。世界各国普遍使用的指标有三个：GNP，以构成 GNP 的最终产品和服务为对象，价格稳定措施反映了最终产品和服务的价格变化；其次，以消费者日常生活支出为对象的消费价格指数 CPI 能够准确反映消费价格水平的变化；再次，批发价格指数 PPI，以批发交易为对象，能够准确反映大宗批发交易的价格变化。

自新冠肺炎疫情发生以来，全球供应链受到反复冲击，大宗商品价格出现较大程度上涨；俄乌持续冲突带来的地缘政治局势更是进一步造成能源价格发生较大动荡。而为抑制通胀影响，以美联储为代表的主要发达经济体的货币政策制定者，也纷纷选择通过加息来试图平抑物价。这不仅导致金融市场出现国债收益率倒挂等征兆，连续加息也正在产生外溢效应，正在进一步影响全球资本的流动。

面对当前国内经济形势的多重压力，“稳物价”绝不仅是民生保障举措，对于保存财政和货币政策两大方向的宏观调控发力空间，同样有重要意义。整体来看，稳物价的关键在于粮食生产和能源供应，在国务院常务会议上，已经明确提出农产品、能源两大领域“稳物价”相关举措。这有助于未来国内中上游产品价格保持相对稳定，也将减轻对下游行业利润的挤压。

对于物价而言，居民的收入水平其实并无很大的变化，但是这加重了城乡居民的生活负担。物价稳则民生稳，也就稳住了应对全球不确定性冲击的基本盘，所以稳定物价是提升居民生活的重要保障之一。

控制价格总水平过快上涨，要从需求和供给两个方面采取措施。具体讲，主要抓好以下工作：

一是继续加强和改善宏观调控。要实施稳健的财政政策和从紧的货币政策。抑制固定资产投资过快增长，加强和规范新开工项目管理，坚决遏制高耗能、高排放和产能过剩行业扩张。综合运用多种货币政策工具，严格控制货币信贷总量和投放节奏，加强信贷政策和产业政策的协调配合,引导商业银行优化信贷结构,合理控制中长期贷款增长。继续落实缓解贸易顺差过快增长的各项措施,优化进出口商品结构,努力改善国际收支平衡状况。

二是加大农业生产扶持力度。发展生产是稳定价格的基础。要加强农业基础设施建设,切实增加对农业的投入。认真落实国务院扶持粮食、生猪、油料、奶业生产发展的政策措施。适当提高稻谷和小麦的最低收购价水平,进一步提高对种粮农民农资综合直补标准和补贴总额,调动农民种粮积极性。组织好化肥生产用电、用气的供应工作,稳定化肥生产,确保市场供应。

三是努力保障市场供应。稳定市场的关键是抓好市场供应,保障居民基本生活必需品不断档、不脱销。充分利用国际国内两个市场,增加重要商品国内市场供应。严格控制玉米深加工发展,组织好主要物资的进口。组织好临时存储小麦、稻谷和中央储备玉米的投放,稳定市场粮价。适时投放储备猪肉、食用油。组织好成品油供应。加强重要物资运输组织,畅通“绿色通道”,提高运输效率,降低农产品物流成本。

思考:

1. 促进物价稳定有哪些措施?

2. 企业在市场物价稳定中扮演着什么样的角色?

任务一　确定产品定价目标

任务描述

最近,正值夏秋交替,歌莱斯服饰正着手于秋装上新与夏装清仓,对于不同的产品价格,企业该如何处理?首先需要确定定价目标,定价目标就是经营者通过给产品定价要达到的主要目的,它是确定定价策略和定价方法的依据。那么对于不同季节的服饰,定价应该出于怎样的目标呢?

知识准备①

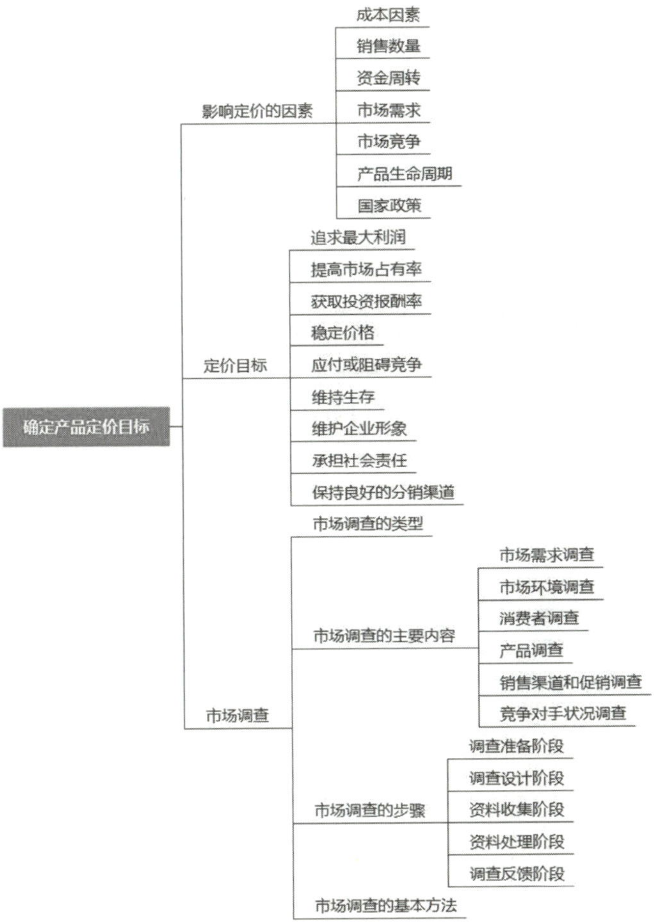

① 推荐书籍:
1.《市场营销学:理论、方法与案例(第 2 版)》,周建波主编,人民邮电出版社,2019。
2.《市场调查原理、方法与应用》,姚小远、杭爱明主编,华东理工大学出版社,2015。

任务实施

步骤1:调查了解影响产品定价的主要因素。

通过访谈、搜索引擎等方式进行市场调查,了解影响秋季女装及其竞品定价的主要因素,然后将市场调研和分析结果进行整理,参考样式见表3-1。

表 3-1

序号	影响因素	分析
1	布料价格	企业生产服饰所消耗的面料和辅料的价格
2	加工费用	刺绣、烫压等加工费
3	经营费用	如店铺租金、运输费、装卸费、保管费、包装费和商品损耗等
4		
5		
6		
7		
…		

步骤2:调查产品需求状况。

了解产品的需求状况,一方面可以从产品原材料采购数据侧面推算产品的供应情况,另一方面,可以从阿里大数据、腾讯大数据以及头部公司的订单量、销售额和竞争对手的企业年度报告,也能通过国内大数据平台或者大数据公司购买相关数据查阅产品的需求情况。

非互联网行业可以通过ERP等产品流通数据管理软件来收集分析产品经营数据,互联网行业可以通过专业的统计工具来收集,如采用八爪鱼等爬虫工具采集电商网站数据。

常用电商平台网站见表3-2。

表 3-2

平台名称	网址
淘宝网	https://www.taobao.com/
京东	https://www.jd.com/
天猫	https://www.tmall.com/
苏宁易购	https://www.suning.com/
当当网	http://www.dangdang.com/
亚马逊中国	https://www.amazon.cn/
1号店	https://www.yhd.com/
唯品会	https://www.vip.com/
聚美优品	http://sh.jumei.com/

现在你需要为每一个监测指标或影响因素，选择一个或多个监测平台，以便定期访问并获取相关信息和数据。

步骤 3：判断产品生命周期。

将产品的销售数据导入龚伯兹模型，绘制产品生命周期曲线，分析并判断产品目前所处的生命周期阶段，并将相关参数值和判断结果填列至表 3-3。

表 3-3

产品名称	参数 a	参数 b	参数 k	所处生命周期阶段

在下框中绘制产品生命周期曲线。

注：

1. 产品生命周期分为导入期、成长期、成熟期、衰退期。

2. 运用龚伯兹曲线模型参数判断生命周期如表 3-4 所示。

表 3-4

参数取值范围		所处生命周期
$a>1$	$b>1$	导入期
$0<a<1$	$0<b<1$	成长期
$0<a<1$	$b>1$	成熟期
$a>1$	$0<b<1$	衰退期

步骤 4：对产品进行价格敏感度测试。

设计问卷调查，了解消费者对产品价格的评价，并运用价格敏感度测试（PSM）对调查结果进行分析，得到消费者可接受的最低价格（PMC）、最高价格（PME）、最优价格（OPP）和既不贵也不便宜的价格（IPP）。

调查问卷样式参考如图 3-4 所示。

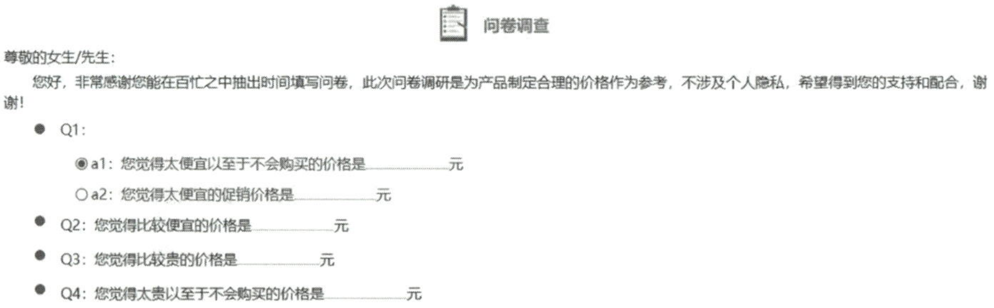
问卷调查

尊敬的女生/先生：

您好，非常感谢您能在百忙之中抽出时间填写问卷，此次问卷调研是为产品制定合理的价格作为参考，不涉及个人隐私，希望得到您的支持和配合，谢谢！

- Q1：
  - ◉ a1：您觉得太便宜以至于不会购买的价格是______元
  - ○ a2：您觉得太便宜的促销价格是______元
- Q2：您觉得比较便宜的价格是______元
- Q3：您觉得比较贵的价格是______元
- Q4：您觉得太贵以至于不会购买的价格是______元

图 3-4

请将调查结果整理到表 3-5 中（不少于 30 份）。

表 3-5

受访者	Q1：太便宜的促销价格	Q2：比较便宜的价格	Q3：比较贵的价格	Q4：太贵以至于不购买的价格
（略）				

将结果复制到价格敏感度测试计算模型中，根据结果，填写表 3-6。

表 3-6

产品名称	消费者可接受的最低价格（PMC）	消费者可接受的最高价格（PME）	最优价格（OPP）	既不贵也不便宜的价格（IPP）

步骤 5：确定产品定价目标。

根据上述分析，请为产品确定一个合理的定价目标，并说明理由，填写表 3-7。

表 3-7

产品名称	定价目标	理由

【想一想】

1. 为什么需要确定产品定价目标？

2. 确定产品定价目标应当考虑哪些因素？

3. 不同的产品定价目标可能会有哪些影响？

【课外思考】

1. 研究不同类型的产品定价目标，例如市场份额最大化、利润最大化、销量最大化等，了解它们各自的优缺点，并思考在不同情况下应选择哪种目标。

2. 调查一些知名服装公司的产品定价策略，分析它们的定价目标是什么，以及这些目标对其业绩的影响。

任务二　确定产品定价策略与方法

任务描述

歌莱斯在确定了要上新的服饰之后，市场部门该如何对这些产品进行定价？价格定高了卖不出去，定低了没有利润。同时，对于未卖出的夏季服饰，也要考虑降价清库存，那么降价多少合适呢？这些问题都涉及产品定价。合理的价格能对顾客的心理产生良好的刺激作用，可以说价格本身就是一种促销因素。那么，歌莱斯销售部门到底该怎样来给服饰定价呢？

知识准备①

任务实施

通过对知识准备内容的学习，相信你已经了解了一些常见的产品定价策略和定价方法，请根据你的分析，制定产品定价策略，确定产品定价方法。

步骤 1：分析产品生命周期的特征。

表 3-8 列示了服饰商品市场生命周期各阶段特征，参考表 3-8 对歌莱斯的夏装与秋装进行

---

① 推荐书籍：

1.《市场调查与预测(第 3 版)》，林根祥、冯国红主编，武汉理工大学出版社，2014。

2.《市场营销学：理论、方法与案例(第 2 版)》，周建波主编，人民邮电出版社，2019。

产品生命周期特征分析。

表 3-8

阶段	导入期	成长期	成熟期	衰退期
销售额	低	快速增长	缓慢增长	衰退
利润	易变动	顶峰	下降	低或负数
现金流量	负数	适度	高	低
顾客	创新使用者	大多数人	大多数人	落后者
竞争者	稀少	渐多	最多	渐少

将分析结果填列在下方。

步骤 2:确定产品定价策略与方法。

表 3-9 列示了产品生命周期各阶段的定价策略和定价目标,参考表 3-9 对歌莱斯的夏装与秋装进行产品定价策略与方法分析。

表 3-9

产品生命周期	定价策略	价格	定价目标
引入期	撇脂定价法	高价格	获取高额利润
	渗透定价法	低价格	占领市场
	满意定价法	中价格	降低利润,抢占市场
发展期	目标利润导向	较高价格	维持利润,快速扩张
	市场导向定价	中价格	继续占领市场份额
	差异化定价	高低结合	占领各级细分市场
	成本领先	低价格	占领市场份额
成熟期	渗透性低价	低价格	维持并扩大市场
	差异化定价	高价格	开发新产品,获取高额利润
衰退期	成本导向	低价格	高于变动成本,获取现金流

结合前面确定的产品所处生命周期阶段和定价目标,选择合理的定价策略和定价方法,并简要说明理由。

【想一想】

1.处于不同生命周期阶段的产品有什么特征?

2.产品的生命周期是否严格按照四个阶段发展?哪些因素可能会影响产品所处生命周期阶段的变化?

【课外思考】

1.请查找资料,了解以品牌价值最大化为定价目标的相关研究。

2.探讨不同市场环境下的产品定价目标选择,例如竞争激烈的市场和垄断市场,思考在这些不同的市场环境中应当选择怎样的定价目标。

任务三　产品成本测算

任务描述

歌莱斯服饰企业经营的主要目的是获取利润，因此企业销售的产品获取的收入必须要能弥补企业的成本费用，否则企业很难生存下去。对于歌莱斯服饰企业来说，一件成品服饰的成本涉及方方面面，例如面料成本、款式设计开发费用、货物运输费用、仓储费等，所以合理核算产品成本，作为产品定价的基准是很有必要的。

知识准备①

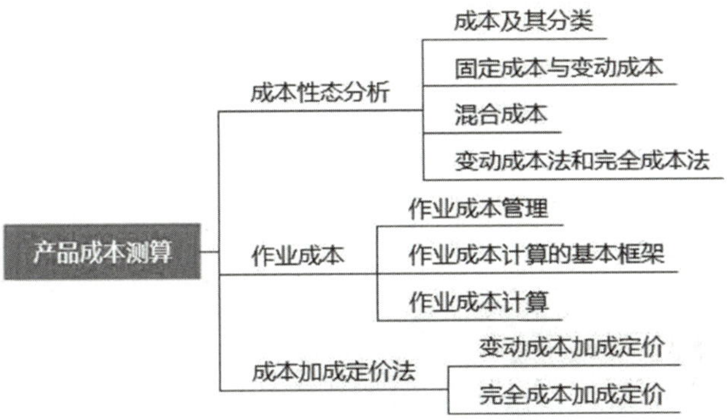

任务实施

步骤 1：调查分析产品成本的构成情况。

根据提供的资料核算成本，整理产品成本的构成情况。它是通过对成本的确认、计量、记录、分配、计算等一系列活动，确定成本控制效果，其目的是为成本管理的各个环节提供准确的信息。只有通过成本核算，才能全面准确地把握企业生产经营管理的效果。企业劳动生产率的高低、固定资产的利用程度、原材料和能源的消耗情况、生产单位（车间）的管理水平等，都会直接或间接地表现在成本上。

如图 3-5 所示，商厦里标价动辄一千多、两千多的衣服，它们的成本到底是多少呢？它们为什么卖这么贵呢？

一件服装的成本包括了它的开发费用、面料成本、人工成本、税费、物流成本、销售渠道成本等。如图 3-6 所示，以一件售价 2 000 元的大衣为例，其生产成本大约是 630 元，其中有 300 元

① 推荐书籍：
1.《管理会计学》，胡海波主编，上海交通大学出版社，2018。

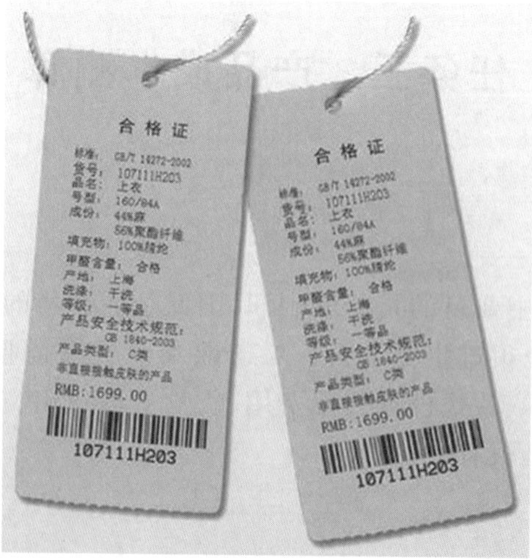

图 3-5

左右的原料成本，250 元左右的人工及其他成本。中间商的拿货价格是 700 元，然后中间商再加价 300 元左右进行贴牌，分销到零售店。此时零售店的拿货价大约是 1 000 元。在不打折的情况下把衣服卖掉，要给商场大约 400 元，税费和人工费用 150 元，自己拿到的利润是 450 元左右。

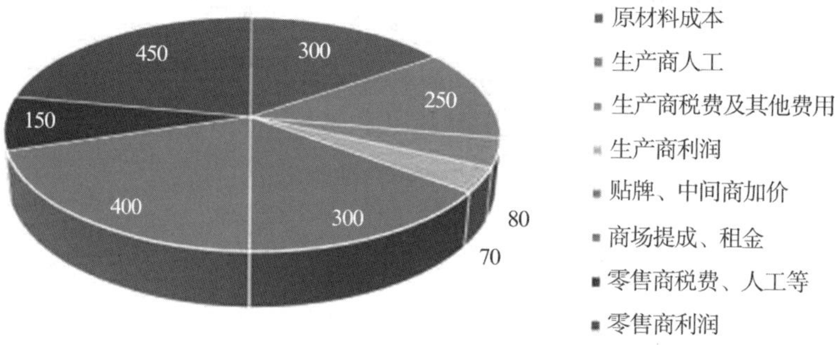

图 3-6

服装生产属于劳动密集型行业，其成本核算分变动成本核算、目标成本核算、责任成本核算和质量成本核算等方面。制造业产品成本构成情况，可以结合产品的物料清单和生产工艺流程进行梳理，常见的主要分为直接材料、直接人工、制造费用，以及与生产无关的管理费用和销售费用等。

根据提供的资料，完成产品成本的计算填列和企业经营分析决策：

中盛机械设备有限公司生产三种电子产品，分别是产品甲、产品乙、产品丙。产品甲是三种产品中工艺最简单的一种，公司每年销售 10 000 件；产品乙工艺相对复杂一些，公司每年销售 20 000 件，在三种产品中销量最大；产品丙工艺最复杂，公司每年销售 4 000 件。公司设有一个生产车间，主要工序包括零部件排序准备、自动插件、手工插件、压焊、技术冲洗及烘干、质量检测和包装。原材料和零部件均外购。中盛机械设备有限公司一直采用传统成本计算法计算产品成本。

1.1　传统成本计算法

1. 公司有关的成本资料如表 3-10 所示。

表 3-10

	产品甲	产品乙	产品丙	合计
产量/件	10 000	20 000	4 000	
直接材料/元	500 000	1 800 000	80 000	
直接人工/元	580 000	1 600 000	160 000	
制造费用/元	3 894 000			
年直接人工工时/时	30 000	80 000	8 000	

2. 在传统成本计算法下，中盛机械设备有限公司以直接人工工时为基础分配制造费用，如表 3-11 所示。

表 3-11

	产品甲	产品乙	产品丙	合计
年直接人工工时/时				
分配率				
制造费用/元				

3. 采用传统成本法计算的产品成本资料如表 3-12 所示。

表 3-12

	产品甲	产品乙	产品丙
直接材料/元			
直接人工/元			
制造费用/元			
合计/元			
产量/件			
单位产品成本/元			

1.2　公司的定价策略及产品销售方面的困境

1. 公司的定价策略。

公司采用成本加成定价法作为定价策略，按照产品成本的 125%设定目标售价，如表 3-13 所示。

表 3-13

	产品甲	产品乙	产品丙
产品成本/元			
目标售价(产品成本×125%)/元			
实际售价/元			

2. 产品销售方面的困境。

近几年,公司在产品销售方面出现了一些问题。产品甲按照目标售价正常出售。但来自外国公司的竞争迫使公司将产品乙的实际售价降低到 328 元,远远低于目标售价 377.5 元。产品丙的售价定于 157.5 元时,公司收到的订单的数量非常多,超过其生产能力,因此公司将产品丙的售价提高到 250 元。即使在 250 元这一价格下,公司收到的订单依然很多,其他公司在产品丙的市场上无力与本公司竞争。上述情况表明,产品甲的销售及盈利状况正常,产品丙是一种高盈利、低产量的优势产品,而产品乙是公司的主要产品,年销售量最高,但现在却面临困境,因此产品乙成为公司管理人员关注的焦点。在分析过程中,管理人员对传统成本计算法提供的成本资料的正确性产生了怀疑。他们决定使用作业成本计算法重新计算产品成本。

3. 作业成本计算法。

(1)管理人员经过分析,认定了公司发生的主要作业并将其划分为几个同质作业成本库,然后将间接费用归集到各作业成本库中。归集的结果如表 3-14 所示。

表 3-14

制造费用	金额/元
装配	1 212 600
材料采购	200 000
物料处理	600 000
起动准备	3 000
质量控制	421 000
产品包装	250 000
工程处理	700 000
管理	507 400
合计	

(2)管理人员认定各作业成本库的成本动因并计算单位作业成本。

成本动因如表 3-15 所示。

表 3-15

制造费用	成本动因	作业量			
		产品甲	产品乙	产品丙	合计
装配	机器小时/时	10 000	25 000	8 000	
材料采购	订单数量/张	1 200	4 800	14 000	
物料处理	材料移动/次	700	3 000	6 300	
起动准备	准备次数/次	1 000	4 000	10 000	
质量控制	检验小时/时	4 000	8 000	8 000	
产品包装	包装次数/次	400	3 000	6 600	
工程处理	工程处理时间/时	10 000	18 000	12 000	
管理	直接人工/时				

单位作业成本如表 3-16 所示。

表 3-16

制造费用	成本动因	年制造费用	年作业量	单位作业成本
装配	机器小时/时			
材料采购	订单数量/张			
物料处理	材料移动/次			
起动准备	准备次数/次			
质量控制	检验小时/时			
产品包装	包装次数/次			
工程处理	工程处理时间/时			
管理	直接人工/时			

(3)将作业成本库的制造费用按单位作业成本分摊到各产品，如表 3-17 所示。

表 3-17

	单位作业成本	产品甲		产品乙		产品丙	
		作业量	作业成本/元	作业量	作业成本/元	作业量	作业成本/元
装配							
材料采购							
物料处理							
起动准备							

续表

	单位作业成本	产品甲		产品乙		产品丙	
		作业量	作业成本/元	作业量	作业成本/元	作业量	作业成本/元
质量控制							
产品包装							
工程处理							
管理							
合计							

(4)经过重新计算,管理人员得到的产品成本资料如表 3-18 所示。

表 3-18

	产品甲	产品乙	产品丙
直接材料			
直接人工			
装配			
材料采购			
物料处理			
起动准备			
质量控制			
产品包装			
工程处理			
管理			
合计/元			
产量			
单位产品成本/元			

4.问题的解决(见表 3-19)。

表 3-19

	产品甲	产品乙	产品丙
产品成本(传统成本计算法)			
产品成本(作业成本计算法)			
目标售价(传统成本计算法下产品成本×125%)			

续表

	产品甲	产品乙	产品丙
目标售价(作业成本计算法下产品成本×125%)			
实际售价			

请比较采用作业成本计算法取得的产品成本与传统成本计算法下的产品成本，为公司目前在产品乙方面遇到的困境提供解决方案：

【想一想】

1. 作业成本法实施的难点是什么？

2. 成本计算的准确性带来的管理问题是什么？

【课外思考】

1. 国际贸易中，反倾销的依据有哪些？

2. 作业成本法在企业中的应用情况调查。

任务四　调整并确定最终价格

任务描述

价格调整策略是指企业在市场营销活动中，根据市场状况、企业条件等价格影响因素的变化适时修订和调整产品基本价格的手段。其目的在于促使产品价格适应供求变化并与营销组合的其他因素更加协调，发挥最佳促销作用，提高营销效益。价格调整的必要性建立在价格得到有效执行的基础上，价格执行的过程也是价格不断得以调整的过程。因此，价格调整策略实质上是企业的一种动态定价策略。

我们计算出基于成本和利润的基础价格，但通过前面的学习和分析，我们知道影响产品定价的因素有很多，需要结合产品成本、市场竞争、市场需求等多方面来考虑，并结合企业的定价目标和定价策略，以制定产品的最终价格。

知识准备

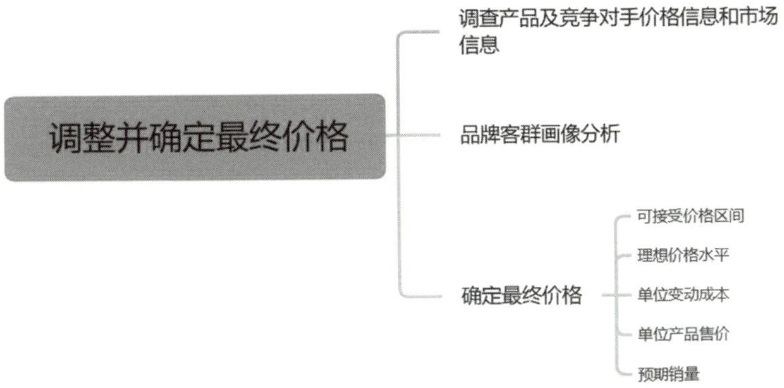

任务实施

步骤 1：调查产品及竞争对手价格信息和市场信息。

歌莱斯服饰企业对本品牌销售产品信息进行收集。资料如图 3-7 所示。

理性信息一般是指企业外部与内部反馈回来的相对客观的信息，与企业的具体目标相符，包括企业目标定位、消费者定位、上市计划、产品大类计划、上一季产品需要改进之处。理性部分的上市计划主要是品牌对每季服装的上市波段以及具体安排，产品大类是指对产品类别、组合搭配、产品数量等内容进行整体规划与设计。

步骤 2：品牌客群画像分析。

采集歌莱斯品牌的客户信息，如图 3-8 所示。

品类	SKU	占比	店铺 SKU	大类	主要面料	市场调研价格带/(元/件)	调研主推价位/(元/件)
短袖T恤	237	15%	23	T恤	棉	169-569	169-399
长袖T恤	200	12%	20		棉	169-569	169-399
长袖衬衫	158	10%	15	衬衫	棉	199-639	199-479
短袖衬衫	47	3%	5		棉	169-639	199-479
背心	138	8%	14	小衫	棉	169-369	169-299
吊带	17	1%	2		棉	169-299	169
连帽卫衣	94	6%	9	卫衣	混纺	269-729	269-569
套头卫衣	75	5%	7		棉	199-729	269-569
牛仔外套	66	4%	6	薄外套	牛仔	567-1469	567-989
夹克	43	3%	4		混纺	569-2899	569-989
风衣	58	4%	6		混纺	569-1989	569-1469
长大衣	19	1%	2	厚外套	毛呢	1689-3479	2359-2899
短大衣	17	1%	2		毛呢	1469-3479	1689-3479
中长大衣	14	1%	1		毛呢	1689-2899	1689
长裤	47	3%	5	裤子	牛仔	219-729	219-469
九分裤	130	8%	13		麻	219-1379	219-469
七分裤	102	6%	10		棉	199-989	219-469
半身裙	53	3%	5	裙子	牛仔	249-989	249-419
连衣裙	116	7%	11		雪纺	219-1379	249-689

图 3-7

品牌客群抓拍

用户特征	属性	描述	用途
自然特征	年龄	与品牌年龄定位的差异	品牌年龄定位优化
	体型	商品尺码及廓形的开发优化	结合客群年龄进行产品廓形及码数宽度分析
	家庭情况	关注情侣及夫妻，情侣装及异性款式的开发	关注进店客群的家庭情况，对客群异性进行消费引导的优化
	穿着搭配	客群的穿衣风格与品牌产品风格的差异及优化点	通过对客群的穿着搭配及试穿衣服的抓拍，分析出品牌产品设计度数(0～9度)的优化

图 3-8

步骤 3:确定最终价格。

根据企业定价目标和消费者对产品价格的预期,确定是否对价格进行调整以及调整的幅度,从而得到最终调整的价格(见表 3-20)。

表 3-20

可接受价格区间	理想价格水平	单位变动成本	单位产品售价	预期销量

【想一想】

1. 对比市场撇脂定价和市场渗透定价,讨论它们各自的适用条件,并分别举一种最近上市的产品为例。

2.什么是动态定价？为什么它在网络上非常普遍？它合法吗？

【课外思考】

1.简要讨论不同分销渠道层级定价的主要政策问题。

2.面对竞争者降价，公司是否应该总是回应？如果决定回应，有哪些策略可供选择？

项目四　产能评估

学习目标

职业能力

1. 了解制造系统的运作机理，提高系统思维能力；
2. 掌握生产计划编制及产能评估的原则、步骤和技巧，合理有效编制生产计划。

职业素养

1. 推动跨部门的协作和效率改善，提高制造系统的应变弹性；
2. 掌握生产产品的数量和生产资源的合理调配。

工作流程

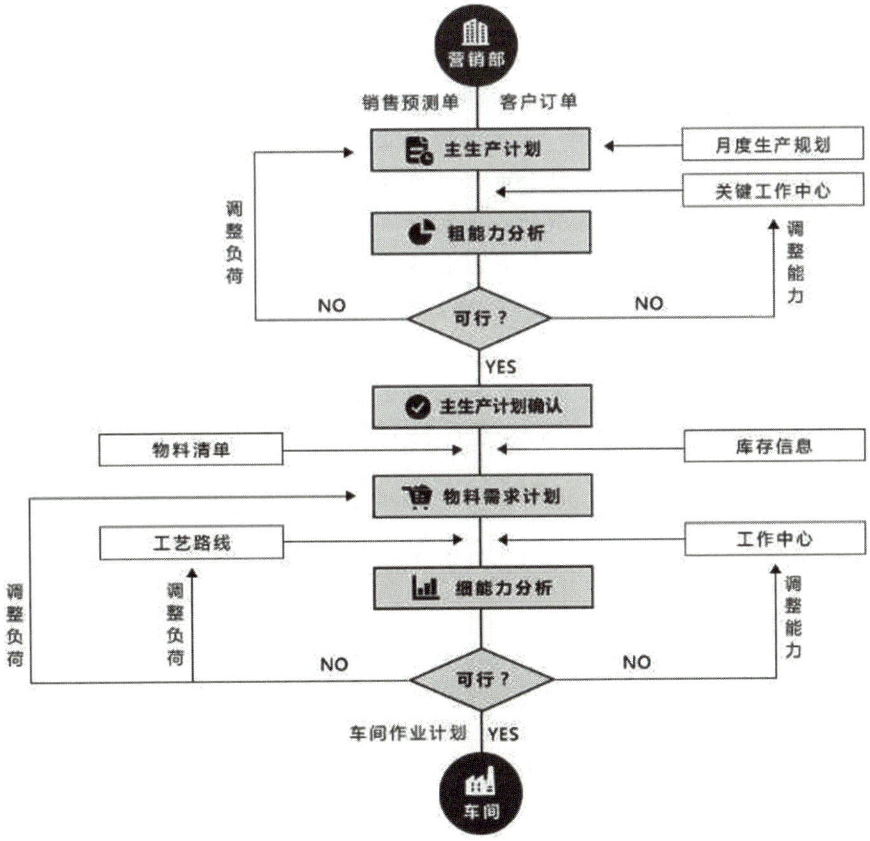

【思政思考】

企业的环保责任

企业除了要承担进行商品生产，发展生产力的基本社会责任外，环保也是企业应主要承担的社会责任之一。环保不应该是一个企业在经济发展之后的补偿，而是在建立之初就该具有的社会责任。企业所承担的环保责任，同样也是对社会的一种回报。

《中共中央 国务院关于全面加强生态环境保护 坚决打好污染防治攻坚战的意见》明确提出，在能源、冶金、建材、有色、化工、电镀、造纸、印染、农副食品加工等行业，全面推进清洁生产改造或清洁化改造；全面整治“散乱污”企业及集群，实行拉网式排查和清单式、台账式、网格化管理，分类实施关停取缔、整合搬迁、整改提升等措施。加大力度、加快治理、加紧攻坚，成为未来三年跨越关键期的必由之路。

打好污染防治攻坚战，解决好突出环境问题，任何企业都不能以侥幸与观望的心态逃避环境治理责任。对企业来说，治污减排不仅仅是法律责任、社会责任，更是生存的现实需要。企业是市场经济的主体，也是环境保护的主体，是环境保护的重要参与者。在我国经济转向高质量发展的新阶段，企业主动担起环境治理责任谋发展，才能有出路。新的《环境保护法》规定了企业环境保护的九大责任，从法律层面划出了企业生存发展的底线。知法、懂法、守法，主动防污治污，规规矩矩地按照法律法规去组织生产、完善工艺，促进生产经营活动健康开展，容不得污染治理上的“数字游戏”与表面文章，否则必将自食苦果。

企业是污染物排放的主体，也是环境治理中的关键环节，要自觉履行环境保护的社会责任，地方政府也要真正负起环境监管职责，不能放任企业随意污染环境。

具体来说，企业需要承担的环保社会责任主要分为两个方面：

(1)企业需要承担可持续发展与节约资源的责任。对于中国而言，中国是一个人均资源特别紧缺的国家，企业的发展一定要与节约资源相适应。作为企业家，一定要站在全局立场上，坚持可持续发展，高度关注节约资源，并要下决心改变经济增长方式，发展循环经济、调整产业结构。

(2)企业需要承担保护环境和维护自然和谐的责任。随着全球的经济发展，环境日益恶化，环境问题成了经济发展的瓶颈。为了人类的生存和经济持续发展，企业一定要担当起保护环境和维护自然和谐的重任。

思考：

1. 除了环保责任，企业还应当承担哪些社会责任？

2. 作为一个环保人，你的社会责任是什么？对此你能做什么？

任务一　制订生产计划

任务描述

歌莱斯服饰作为一个服装制造企业,生产计划管理是工厂内部管理运作的核心。一个优秀的工厂,其内部管理应该是围绕着生产计划来进行的。生产计划有月度计划、周计划、日计划。当前,制造业企业所处的经济环境瞬息万变,企业面临的经营压力不断增大,唯有提升管理,方能在大浪淘沙般的市场竞争中,立于不败之地。对于制造业企业而言,客户订单变更、插单、改单等情况时有发生,是管理的重中之重,无疑成为制造业企业提升竞争力的关键。

作为歌莱斯服饰的生产部经理,每年年底,都需要根据往年的生产数据制订下一年度的初步生产计划,以满足下一年度销售的需要。请完成知识准备部分的学习,按照任务实施的步骤,帮助企业制订生产计划。

知识准备①

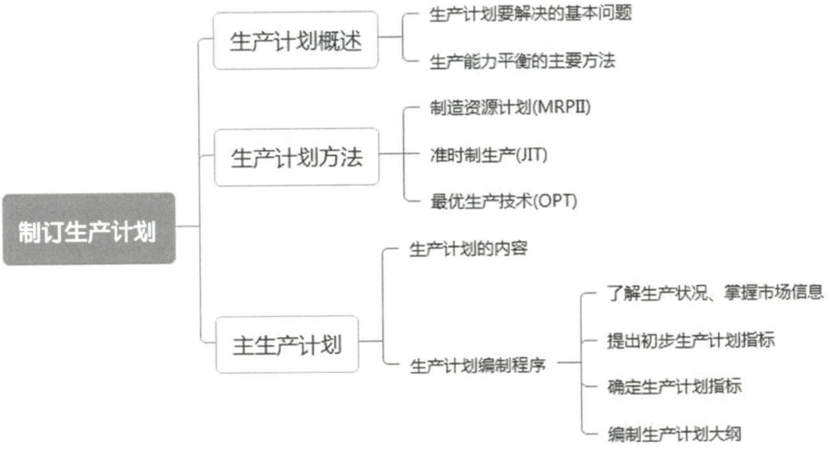

任务实施

步骤1:调查研究,广泛收集资料。

销售计划是生产计划的基础,但不等于生产计划,还要根据企业生产能力、企业的资源及客户需求的情况做修正;而生产计划对销售计划也有影响,初步制订的销售计划也要根据企业的

① 推荐书籍:
1.《生产计划与控制》,邓华主编,中国纺织出版社,2017。

能力和资源做进一步修改。销售计划与生产计划都是企业总体经营战略的具体体现。

根据表 4-1 中给出的几个项目,进行多方面的分析。

表 4-1

项目	分析
国内外市场经济技术情报及生产预测资料	
企业长远发展规划、长期经济协议	
计划期产品销量、上期合同执行情况及成品库存量	
上期生产计划完成情况	
组织技术措施计划与执行情况	
计划生产能力与产品工台时定额	

步骤 2:结合生产状况和外部市场条件,分析研究,提出初步生产计划指标。

生产计划是为生产出符合市场需要或顾客需求的产品,所确定的在什么时候生产,在哪个车间生产以及如何生产的总体计划。因此,必须根据企业的经营目标和销售计划初步提出生产计划指标,包括品种、产量、质量水平和交货期等。

将生产计划内容填入表 4-2。

表 4-2

生产计划内容	分析
生产什么东西——产品名称、零件名称(含质量要求)	
生产多少——数量或重量	
在哪里生产——部门、单位	
要求什么时候完成——期间、交货期	

步骤 3:综合平衡,确定生产计划指标。

将初步制订的生产计划指标与生产能力、劳动力、技术准备工作、物资供应和资金占用等企业内部条件进行综合平衡,确定生产计划指标(见表 4-3)。

表 4-3

<table>
<tr><td rowspan="5">生产任务</td><td>生产能力</td><td>生产设备、生产面积</td></tr>
<tr><td>劳动力</td><td>工种、数量、生产率</td></tr>
<tr><td>物资供应</td><td>原料、动力、外协件</td></tr>
<tr><td>技术准备工作</td><td>试制、维修、工艺</td></tr>
<tr><td>资金占用</td><td>流动资金</td></tr>
</table>

步骤 4:编制生产计划大纲,组织实施生产作业目标。

生产计划大纲的内容包括:生产计划的主要指导思想、生产计划指标、完成计划的难点及重点环节、采取的关键措施,以及生产计划表。

任务二 生产能力分析

任务描述

歌莱斯服饰企业在制订出主生产计划(MPS)后,生产管理人员接下来必须根据资源约束条件来看该方案是否可行。所谓资源约束条件,主要是指生产能力的约束。通常,用粗生产能力分析(rough-cut capacity analyze)来检查 MPS 方案的可行性。之所以称为“粗生产能力分析”,是因为它只是对主生产计划所需的关键生产能力做大致估计。

歌莱斯企业设定完毕主生产计划后,请完成下方生产能力分析相关知识点的学习,然后通过对关键工作中心生产能力和计划生产量的对比,判断主生产计划是否可行。

知识准备①

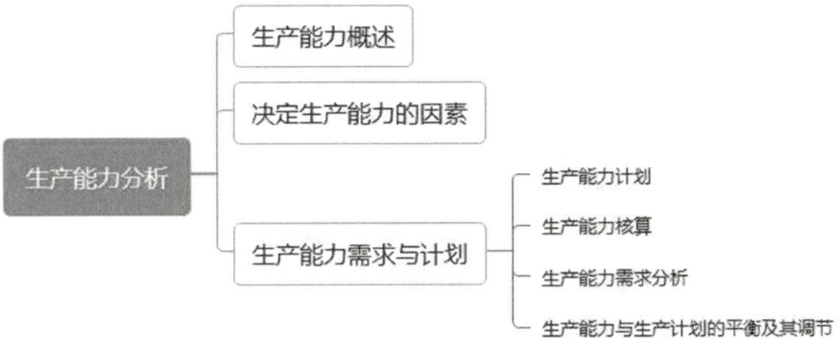

任务实施

步骤 1:人力负荷分析。

依据期间的销售计划与预定的生产计划,针对产品数量、标准时间计算出生产该产品所需的人力。

将所需人力与现有的人力做比较。如果现有的人力不足,则申请增补。

步骤 2:设备负荷分析。

把生产所需的机器设备加以分类,如全自动裁剪机、全自动拉布机、自动锁眼钉扣机、全自动缝纫机、智能整烫设备、自动折叠包装机等。计算出每一道工序各种机器设备的产能负荷。每道工序的计划需求生产总数除以计划生产日数,就等于每道工序每日的生产数。

比较现有机器设备的负荷。求得每台机器设备每日应生产数,与现有机器产能比较,即可

---

① 推荐书籍:

1.《生产计划与控制》,邓华主编,中国纺织出版社,2017。

得知是过剩还是不足，进行机器设备的增补。

对人力及机器设备进行负荷分析，可以使生产管理人员对每一道工序的产能一目了然，掌握生产瓶颈点。合理调整生产计划，弥补瓶颈工序的不足，达到均衡生产的目的。这是保证订单正常生产、顺利出货的前提。

进行生产能力负荷分析，将数据填入表 4-4。

表 4-4

产能负荷分析	实际	计划	超/差
人力负荷分析			
设备负荷分析			

任务三　制订物料需求计划

任务描述

根据市场需求预测和顾客订单制订了产品的生产计划，基于产品生产进度计划、组成产品的材料结构表和库存状况，请完成所需物料的需求量和需求时间的计算，以确定材料的加工进度和订货日程。

知识准备①

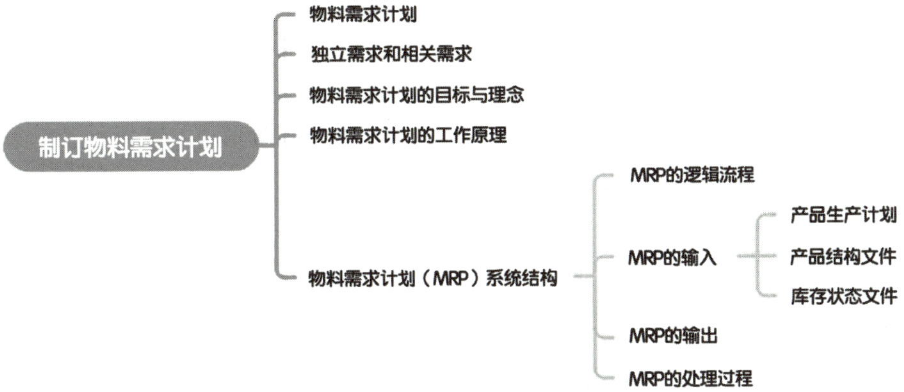

任务实施

获取主生产计划数据、产品物料清单（BOM）、各产品库存记录数据以及物料的提前期数据等。

步骤1：汇总主生产计划下的各产品的物料数据。

步骤2：计算物料的毛需求量。

步骤3：计算净需求量。

步骤4：计算安全库存量、废品率和损耗率等。

步骤5：分析物料需求计划是否可行。

① 推荐书籍：

1.《生产计划与控制》，邓华主编，中国纺织出版社，2017。

项目五　运营评估

学习目标

职业能力

1. 掌握公司盈利能力分析的比率分析法；
2. 掌握本量利分析方法；
3. 熟悉盈利能力分析评价的指标体系；
4. 掌握现金流入与流出的主要内容；
5. 掌握现金预算编制流程。

职业素养

1. 实现从财务角度评价和指导业务；
2. 促进财务与业务的相互影响，提高学生全面分析问题、深入思考问题的能力。

工作流程

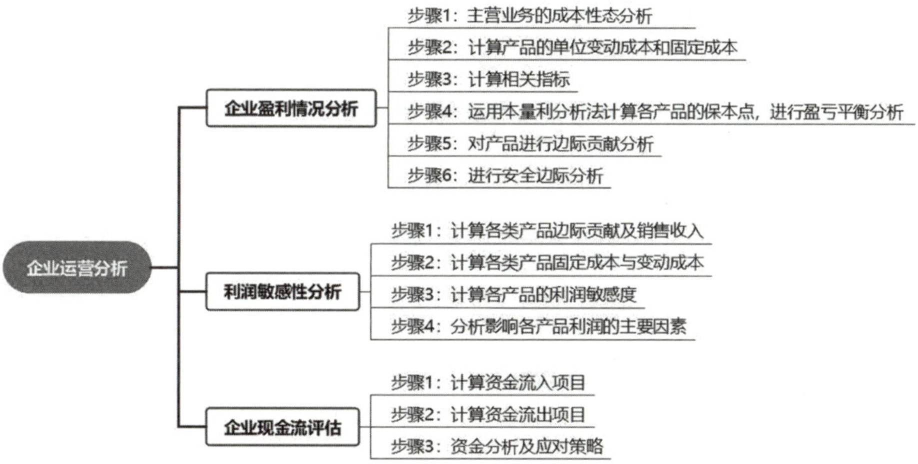

【思政思考】

企业的合规经营

企业合规是指企业依法依规经营，防控合规风险而构建的一种治理体制。企业合规是出于保障企业的合法权益而设置的风险防控机制，需要防控的不仅是企业的经营风险、财务风险，而且包含可能受到行政处罚或者刑事追究而承担的合规风险。

合规对于提升企业核心竞争力，加速商事流转，维护交易安全，防范金融风险，促进经济高质量发展，实现“六稳”“六保”具有重大现实意义。第一，合规是企业可持续发展的需要。当前，面对百年未有之大变局，企业既迎来发展机遇，也面临风险和挑战，自然风险、市场风险、法律风险等各种风险不断叠加，一些企业陆续进入高风险时期。合规成为企业遵循新的竞争规则，打造核心竞争力的必由之路。第二，合规是维护市场交易安全的需要。如果交易安全无法保证，那么，资源将无法合理流动，也谈不上优化配置，市场经济就会面临巨大危险。因此，企业应坚守合规底线，维护交易安全。第三，合规是降低政府监管成本、提高监管质效的需要。当前，适应我国社会主义市场经济体制完善要求，实现无形的市场之手和有形的政府监管之手之间的有机衔接、无缝对接，首先要发挥市场在资源配置中的决定作用。但市场可能失灵，政府监管应及时跟上。相较于传统的监管方式，企业合规机制的建立，将行政监管部门的“外部监管”转变为企业自我监管，大大降低了政府监管成本。第四，合规是优化法治化营商环境的需要。打造稳定、透明、公平和可预期的法治化营商环境，重点在于企业合规经营，维护公平竞争的市场环境，确保公平公开透明的经营秩序。

企业要想健康成长和持续发展，除了坚持自主创新，科技自立自强以外，还需要坚持“五个一定”，即：一定要始终坚持听党话、跟党走，有家国情怀；一定要坚持提供对社会发展有促进作用的产品；一定要为员工营造一个良好的工作氛围；一定要遵循法律、接受监管，守法合规经营；一定要用文明的而不是野蛮的手段去管理和推动企业的发展。

其次，要建设八大层次的大合规体系，形成企业合规整体架构。所谓八大层次，一是加强道德教化，弘扬自由平等公正法治诚信友善的社会主义核心价值观，激励企业尊重道德义务，并承担必要的社会责任。二是以良法善治，尤其是公司法、行政法、刑法无缝对接、有机衔接、同频共振，为企业依法合规提供法治保障。三是激励公司理性自治，无须扬鞭自奋蹄。四是督促行业协会严格自律，自我教育、自我管理，清除潜规则、霸王条款，营造风清气正的营商环境。五是及时有效适度的行政监管。六是司法救济，包括检察机关及审判机关的救济。七是加强媒体监督，促进企业维护良好形象。八是独立第三方评价体系协助企业开展合规建设，促进企业合规经营。

对企业来说，强化合规管理不是为了应付外部监管，而是自身业务发展的需要。合规经营蕴含尊重知识产权、保护环境、反对商业贿赂、履行商业责任等原则，是企业持续健康发展的基石。

思考：

1. 企业合规经营包括哪些方面？

2. 提出你对企业合规经营的建议。

任务一　企业盈利情况分析

任务描述

随着企业发展逐步进入状态，产品种类愈加丰富，但是各类产品的盈利情况却不尽相同，有些产品成本高、利润低，有些产品利润高、成本低，那么如何确定生产、销售哪些产品，则需要企业对各类产品的盈利情况进行详细分析，选择适合企业正常经营发展的产品。请根据知识准备提供的学习框架，全面了解管理会计中比较重要的分析工具——本量利分析，然后按照任务实施步骤，完成对案例企业产品的盈利情况分析，为企业产品决策提供意见和建议。

知识准备

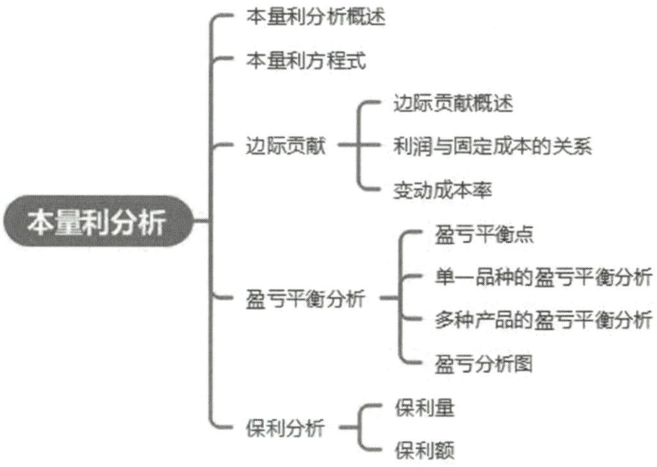

任务实施

步骤 1：主营业务的成本性态分析。

步骤 2：计算产品的单位变动成本和固定成本。

步骤 3：计算相关指标。

步骤 4：运用本量利分析法计算各产品的保本点，进行盈亏平衡分析。

（1）固定费用的变化对保本点的影响。

（2）单位贡献毛益变化对保本点的影响。

（3）价格变化对保本点的影响。

步骤 5：对产品进行边际贡献分析。

步骤 6：进行安全边际分析。

【想一想】

1. 在分析企业的盈利能力情况时，应该从哪些方面入手？

2. 本量利分析方法有哪些？其计算公式是什么？

任务二　利润敏感性分析

任务描述

近年来，随着科学技术的不断进步和市场经济的迅猛发展，许多企业进入了发展瓶颈，甚至陷入了难以维持经营的困局之中。在复杂多变的环境下，利润预测能够为企业的发展、决策提供科学依据，从而降低经营风险，促使企业在市场竞争中立于不败之地。N 公司作为电子产品研究与开发企业是国民经济发展的主力军，在利润的形成过程中，存在许多不确定因素对利润产生影响，且各因素变化对利润变化敏感程度有所不同，通过利润的敏感性分析可以有效地对企业利润进行规划与预测。

运用利润敏感性分析，主要通过测定企业生产经营过程中诸因素变动对企业利润的影响程度，来确定企业应采取何种方法对哪些因素进行调整、抑制，以达到提高社会经济效益和企业经济效益的目的。

知识准备①

任务实施

N 公司产品相关资料情况如表 5-1 所示。

表 5-1

产品种类	甲	乙	丙	丁
销量/件	8 888	5 538	124	988
单价/元	104 000.00	129 000.00	165 400.00	144 200.00
单位变动成本/元	88 619.64	111 112.64	140 953.50	111 290.06

N 公司营业收入相关资料情况如表 5-2 所示。

① 推荐书籍：
1.《管理会计(第 2 版)》，贾成海主编，电子工业出版社，2007。

表 5-2

产品种类	甲	乙	丙	丁
销量/件	8 888	5 538	124	988
单价/元	104 000.00	129 000.00	165 400.00	144 200.00
销售收入/元	924 352 000.00	714 402 000.00	20 509 600.00	142 469 600.00

N 公司成本明细数据如表 5-3 所示。

表 5-3

产品种类	甲	乙	丙	丁
直接材料	721 877 912.12	587 406 465.84	15 983 289.36	101 011 257.28
燃料动力	14 198 394.68	9 689 142.08	305 756.32	2 253 512.96
直接人工	9 282 137.64	6 525 219.28	203 306.20	1 511 846.52
变动制造费用	236 781.24	1 501 608.92	33 518.48	279 530.64
变动销售费用	39 920 134.64	10 219 364.20	952 363.64	4 898 431.88
固定制造费用	38 531 194.36			
固定销售费用	12 743 643.36			
管理费用	49 244 808.12			

步骤 1:计算各类产品边际贡献及销售收入。

步骤 2:计算各类产品固定成本与变动成本。

步骤 3：计算各产品的利润敏感度。

步骤 4：分析影响各产品利润的主要因素。

任务三　企业现金流评估

任务描述

资金流是企业生存和发展的基础，在“现金为王”的市场经济时代，对企业来说，现金流比利润更重要，因资金链断裂而走向破产边缘的企业比比皆是。请跟随企业现金预算的编制过程，深入了解企业资金流动情况，以评估资金流入和流出情况。

知识准备①

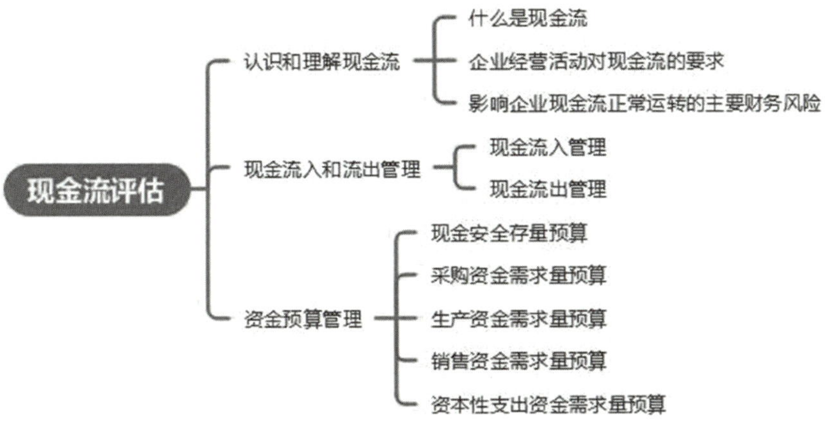

任务实施

步骤 1：计算资金流入项目。

步骤 2：计算资金流出项目。

步骤 3：资金分析及应对策略。

① 推荐书籍：

1.《企业现金流与营运资本管理》，王美江著，人民邮电出版社，2021。

项目六　服装行业数智商科综合实训

案例背景

广州歌莱斯服饰股份有限公司，始建于 2008 年 3 月 1 日，位于广东省广州市番禺区西丽大街 999 号，是一家集研发设计、生产、专卖销售为一体，专业生产、销售女性时尚服饰的大型企业。企业以“让优雅女人绽放美丽人生”为使命，秉持“优雅由外向内”的品牌主张，致力于为女性消费者尤其是职场女性提供中高端档次的优质时尚服饰。企业分为线下门店销售与线上电商销售两种销售渠道。

当前即将进入纺织服装行业传统“金九银十”旺季，不少服装企业都在提前备货，迎接即将到来的“双十一”电商节。歌莱斯服饰股份有限公司大部分的面料都是从国外进口，由于国内需求增加，公司近期也加大了服装面料采购力度。随着服装销售旺季的到来，近一段时间以来，全国各地门店的女装销量都有了明显提升。

为了备战“双十一”电商节，广州歌莱斯服饰股份有限公司需要做好线上网店的自动补货规划以及后两个月的经营运营决策和计划，那么该如何做好该项计划呢？作为销售服饰的企业，过去时间段海量的销售数据可以提供大量信息，利用这些信息进行预测分析，能够对未来时间段的变化趋势提供一个可参考的数据。

任务一 事件分析

案例背景

2020年年初，受新冠疫情影响，实体零售行业普遍受到较大的冲击。广州歌莱斯股份有限公司是一家集生产和销售于一体的服装企业，公司管理层想要了解新冠疫情对整个社会环境、经济环境影响有多大，请结合外部环境分析相关知识，对疫情下企业外部环境进行分析。

任务实施

步骤1：事件获取。

在“步骤导航”模块，点击“事件获取”，如图6-1所示。

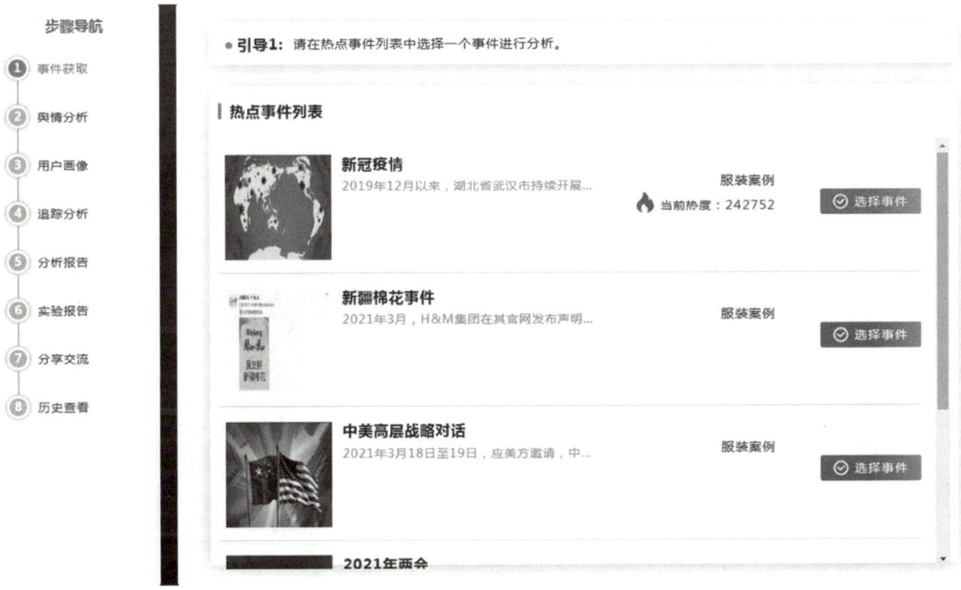

图6-1

从热点事件列表中选择需要分析的事件，点击“选择事件”，步骤跳转到下一步。

步骤2：舆情分析。

选择事件后，跳转到“舆情分析”，如图6-2所示。

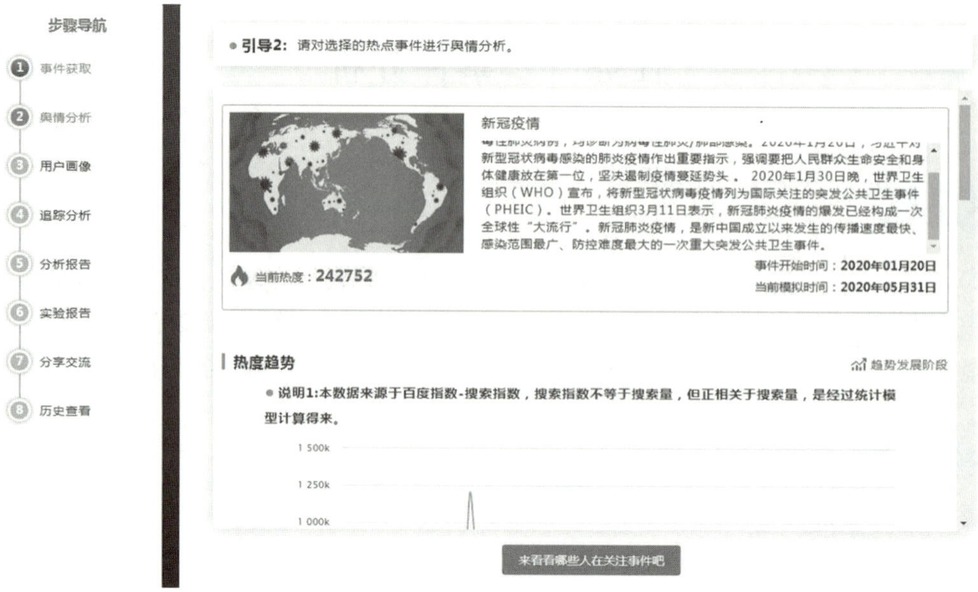
步骤导航
1 事件获取
2 舆情分析
3 用户画像
4 追踪分析
5 分析报告
6 实验报告
7 分享交流
8 历史查看
引导2：请对选择的热点事件进行舆情分析。
新冠疫情
新型冠状病毒感染的肺炎疫情作出重要指示，强调要把人民群众生命安全和身体健康放在第一位，坚决遏制疫情蔓延势头。2020年1月30日晚，世界卫生组织（WHO）宣布，将新型冠状病毒疫情列为国际关注的突发公共卫生事件（PHEIC）。世界卫生组织3月11日表示，新冠肺炎疫情的爆发已经构成一次全球性"大流行"。新冠肺炎疫情，是新中国成立以来发生的传播速度最快、感染范围最广、防控难度最大的一次重大突发公共卫生事件。
当前热度：242752
事件开始时间：2020年01月20日
当前模拟时间：2020年05月31日
热度趋势
趋势发展阶段
说明1:本数据来源于百度指数-搜索指数，搜索指数不等于搜索量，但正相关于搜索量，是经过统计模型计算得来。
1 500k
1 250k
1 000k
来看看哪些人在关注事件吧

图 6-2

2.1 热度趋势

点击"趋势发展阶段"，查看资料，并根据资料内容选择问题 1 的答案，如图 6-3、图 6-4 所示。

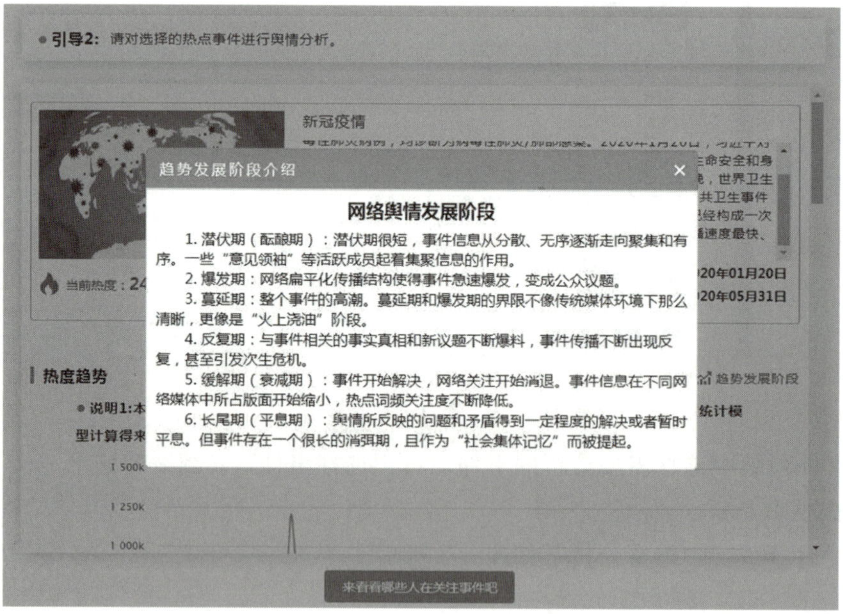
引导2：请对选择的热点事件进行舆情分析。
新冠疫情
趋势发展阶段介绍
网络舆情发展阶段
1. 潜伏期（酝酿期）：潜伏期很短，事件信息从分散、无序逐渐走向聚集和有序。一些"意见领袖"等活跃成员起着集聚信息的作用。
2. 爆发期：网络扁平化传播结构使得事件急速爆发，变成公众议题。
3. 蔓延期：整个事件的高潮。蔓延期和爆发期的界限不像传统媒体环境下那么清晰，更像是"火上浇油"阶段。
4. 反复期：与事件相关的事实真相和新议题不断爆料，事件传播不断出现反复，甚至引发次生危机。
5. 缓解期（衰减期）：事件开始解决，网络关注开始消退。事件信息在不同网络媒体中所占版面开始缩小，热点词频关注度不断降低。
6. 长尾期（平息期）：舆情所反映的问题和矛盾得到一定程度的解决或者暂时平息。但事件存在一个很长的消弭期，且作为"社会集体记忆"而被提起。
热度趋势
趋势发展阶段
1 500k
1 250k
1 000k
来看看哪些人在关注事件吧

图 6-3

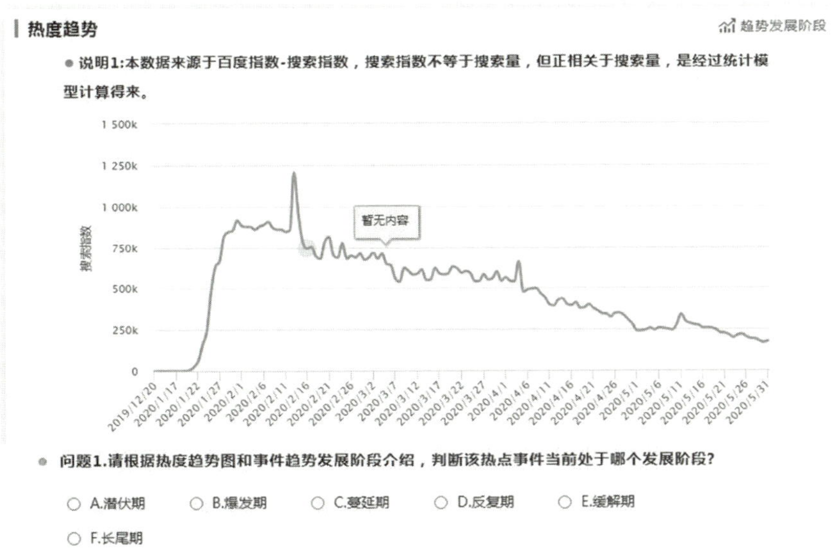

图 6-4

2.2　事件关键词

点击“筛选关键词”，弹窗显示筛选条件，如图 6-5 所示。

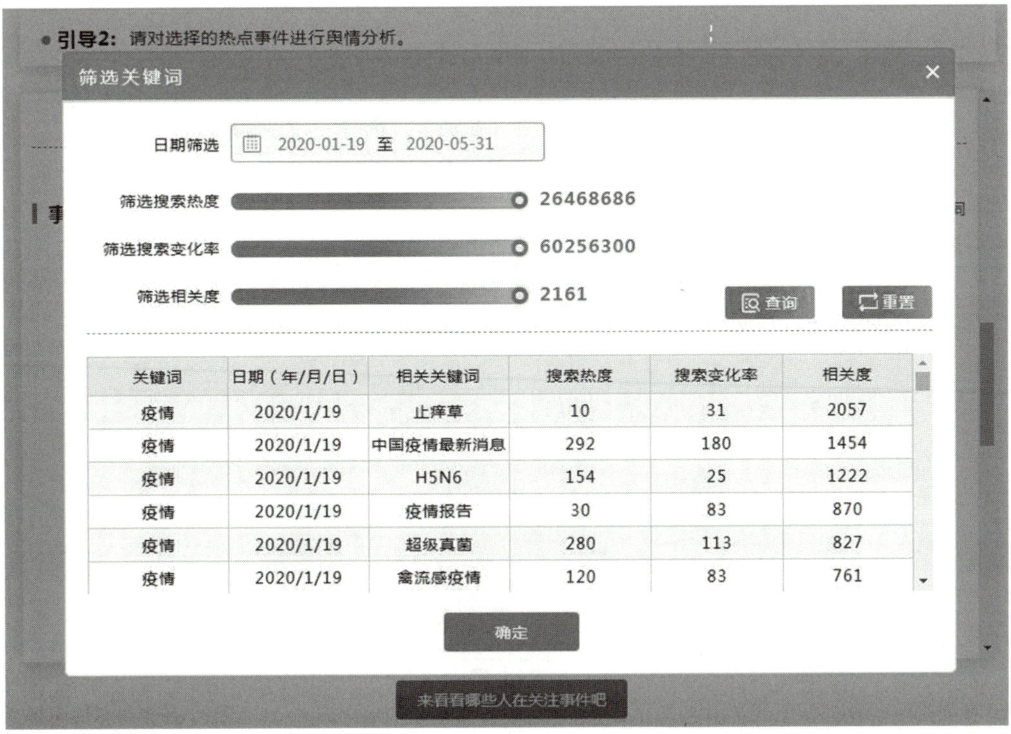

关键词	日期（年/月/日）	相关关键词	搜索热度	搜索变化率	相关度
疫情	2020/1/19	止痒草	10	31	2057
疫情	2020/1/19	中国疫情最新消息	292	180	1454
疫情	2020/1/19	H5N6	154	25	1222
疫情	2020/1/19	疫情报告	30	83	870
疫情	2020/1/19	超级真菌	280	113	827
疫情	2020/1/19	禽流感疫情	120	83	761

图 6-5

学生可自行筛选日期、热度、变化率和相关度，点击查询可查看筛选后的数据。点击“确定”，在舆情分析页面生成事件关键词图，如图 6-6 所示。根据事件关键词图选择问题 2 的答案。

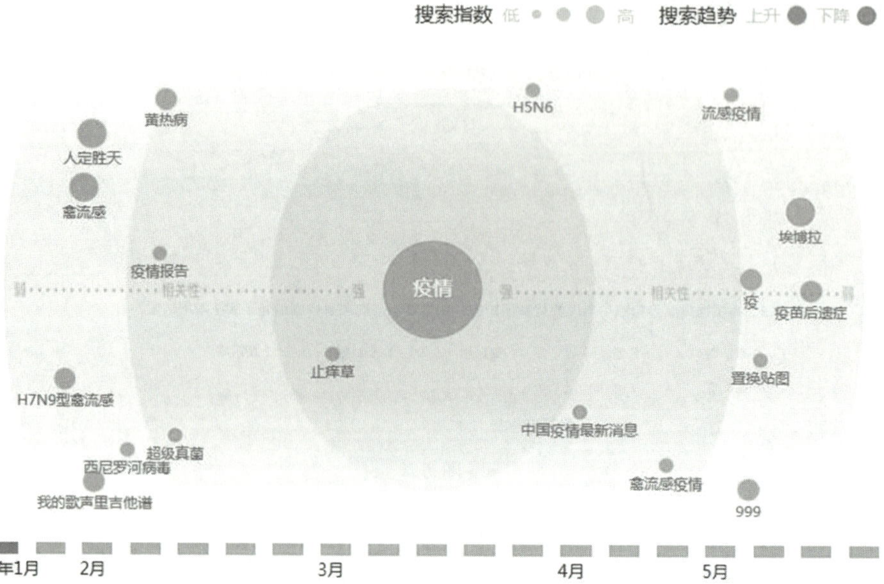

图 6-6

2.3 情感趋势

1. 点击“获取数据”，弹窗显示，如图 6-7、图 6-8 所示，选择一个采集网址。

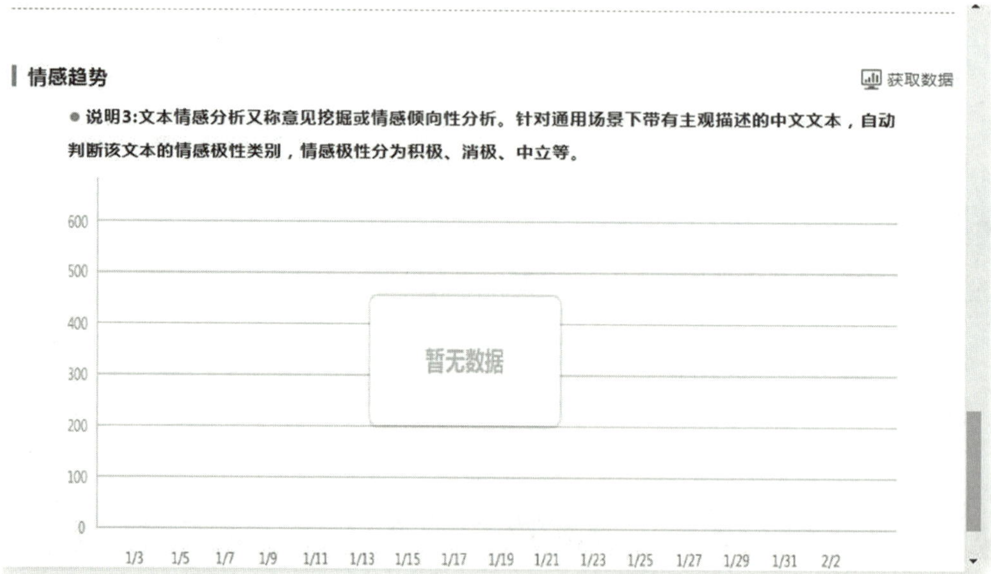

图 6-7

图 6-8

2. 选择完毕点击下一步，进入数据采集步骤，如图 6-9 所示。

图 6-9

3. 点击“进入系统”，登录进入 Python 大数据分析系统，如图 6-10 所示。

图 6-10

4. 数据采集完毕后，返回事件分析系统，点击“获取”，得到采集到的数据集，如图 6-11 所示。

获取数据

引导语：请对数据进行采集　　采集网址链接

03.数据集

时间	时评标题
2020-05-31	北青报：美国“退群”的新“境界”
2020-05-31	北青报：推进全球治理创新发展刻不容缓
2020-05-30	“不断线的风筝”?追完总理记者会 感觉今年就业稳了
2020-05-29	2020两会时间|六个“新”词看中国经济社会发展强劲动力
2020-05-29	印度新冠肺炎累计确诊逾16.5万例 超土耳其居全球第9
2020-05-29	2020两会下团组 习近平给出中国经济发展之“策”
2020-05-28	环球深观察丨国际社会聚焦人类减贫史上的“中国奇迹”
2020-05-28	2020年全国两会,这些经济数字很重要
2020-05-28	【环球深观察】国际社会聚焦人类减贫史上的“中国奇迹”

共232条数据

进行筛选

图 6-11

5. 点击“进行筛选”，选择标签内容进行数据筛选，生成情感趋势图，如图 6-12 所示，根据情感趋势图选择问题 3 的答案。

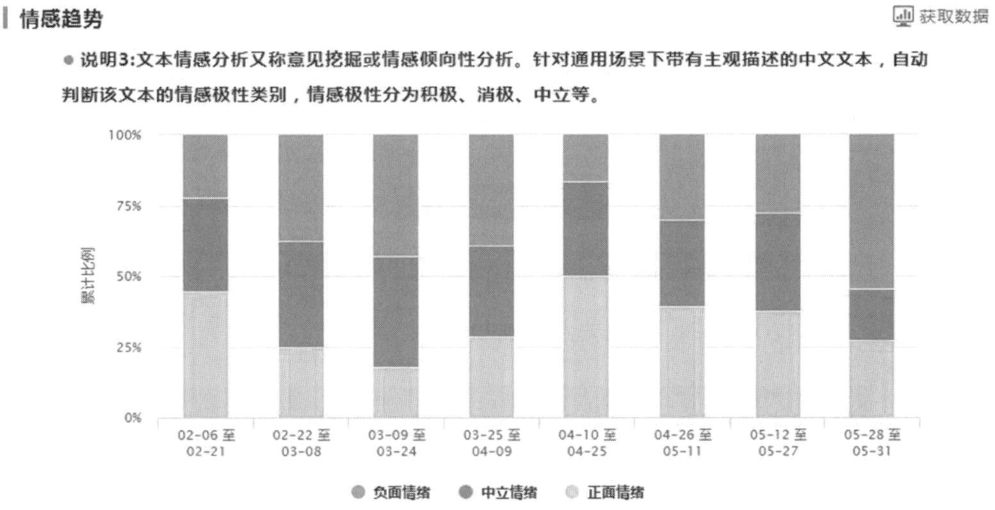

图 6-12

步骤 3:用户画像。

点击“来看看哪些人在关注事件吧”,页面跳转到步骤 3,如图 6-13 所示。

图 6-13

点击“获取用户信息”—“获取 WEB 端日志表”—“进入数据筛选”,点击“筛选 URL”框,选择需要的 URL,如图 6-14、图 6-15 所示。

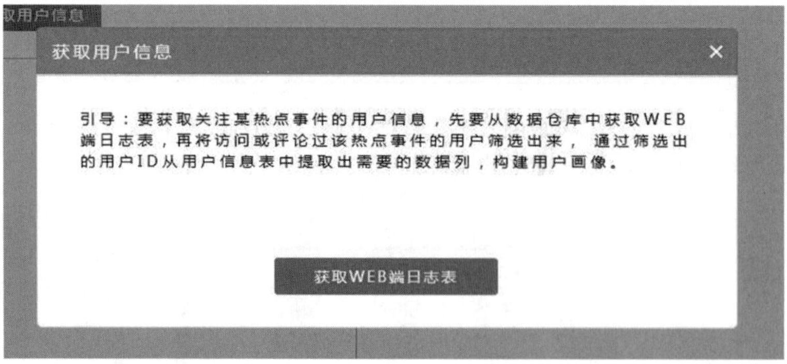

图 6-14

图 6-15

点击“确定”—“获取用户信息”—“完成”，主页面出现“添加画像”，点击“添加画像”，弹窗出现用户画像库，如图 6-16 所示。

图 6-16

选择某一数据列，点击“确定”，弹窗出现可视化类型，如图 6-17 所示。

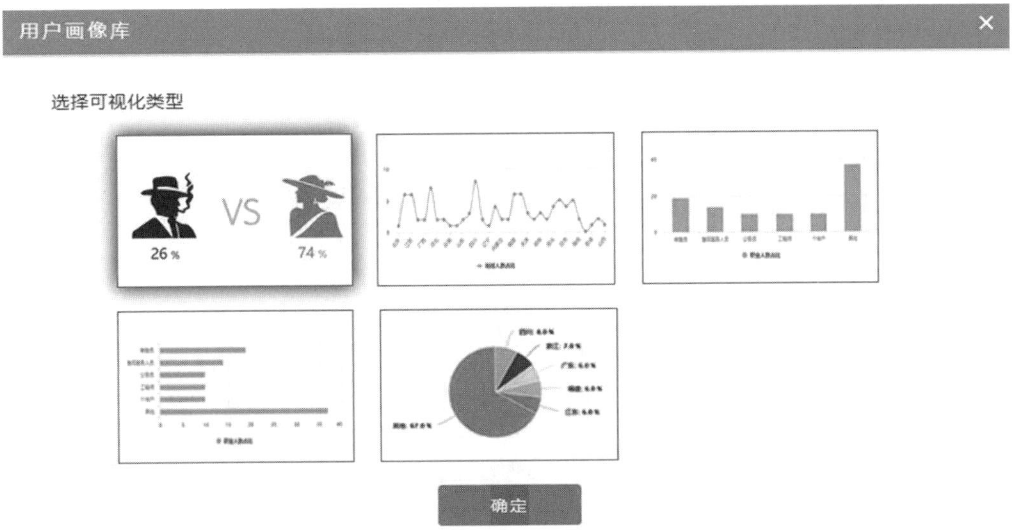

图 6-17

选择合适的可视化类型，将数据列全部创建画像完成后，点击“确定”，出现问题 4，如图 6-18 所示。根据创建的用户画像回答问题 4。

图 6-18

步骤 4：追踪分析。

点击“追踪分析”，页面跳转到步骤 4，如图 6-19 所示。可点击查看企业简介、业务概要、经营情况、资料报告等信息。

点击“下一步”，进入外部指标监控及预测，如图 6-20 所示。

图 6-19

图 6-20

在“原材料价格”处点击“预测价格”，选择将要预测的原材料，点击“确定”，查看原材料近期行情均价，点击“进行预测”，在模型选择中选择模型和预测日期，点击“确定”，对数据进行预测，如图 6-21、图 6-22 所示。

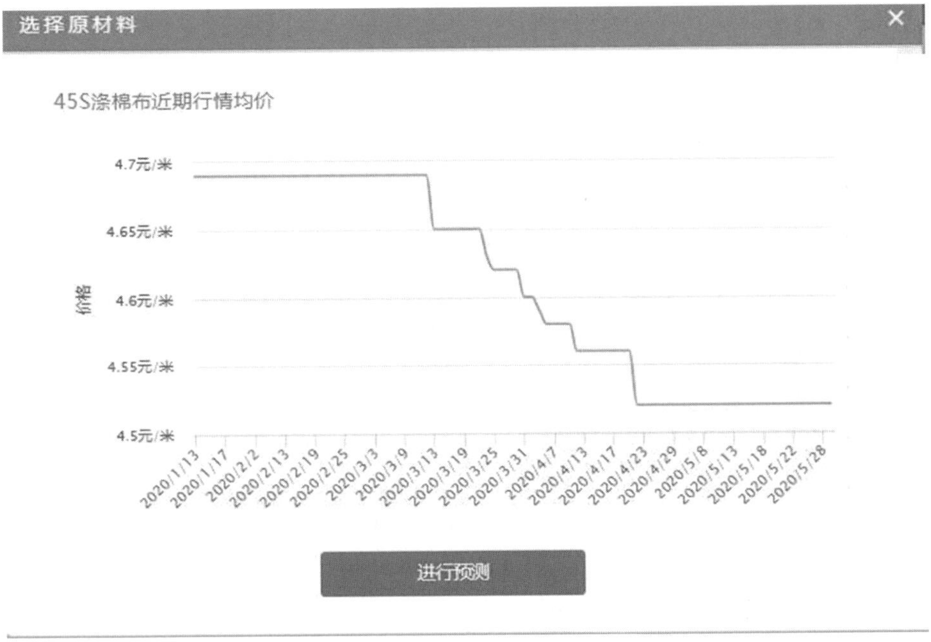

图 6-21

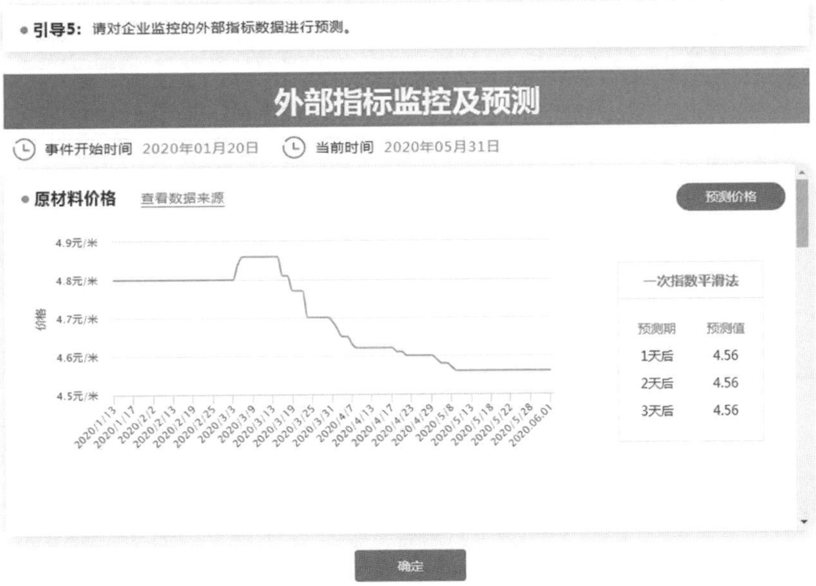

图 6-22

在“市场平均薪资”处点击“点击获取”，观看视频结束后自动跳转至查看薪酬，在下拉列表框中可点击查看各岗位的薪酬及涨幅情况，点击“确定”，查看所有岗位的平均薪资和涨幅情况，如图 6-23、图 6-24 所示。

引导5：请对企业监控的外部指标数据进行预测。
获取薪资数据
2020
劫后报告
您的智能薪酬专家
公司如何定薪、调薪？
这个职位该付多少？
0:00 / 0:27
确定

图 6-23

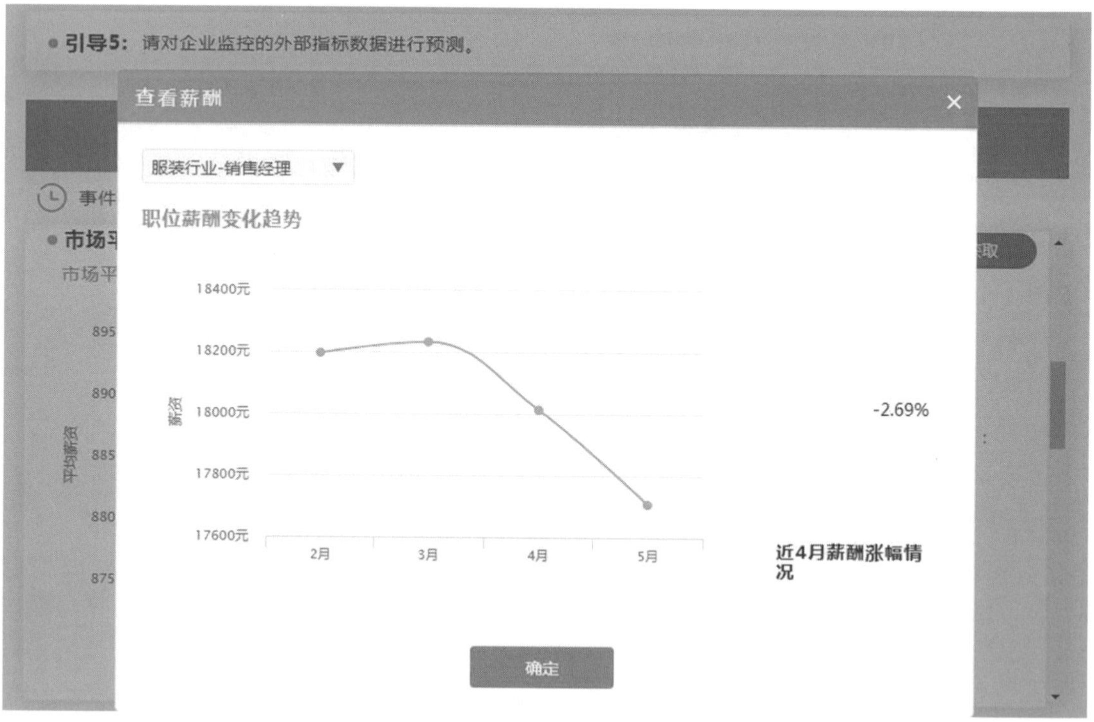
引导5：请对企业监控的外部指标数据进行预测。
查看薪酬
服装行业-销售经理
职位薪酬变化趋势
薪资
18400元
18200元
18000元
17800元
17600元
2月
3月
4月
5月
-2.69%
近4月薪酬涨幅情况
确定

图 6-24

在“需求曲线”处点击“问卷调查”—“发放问卷”—“回收问卷”—“导入数据结果”，如图 6-25 所示，生成新的需求曲线，如图 6-26 所示。并根据图表回答问题 5。

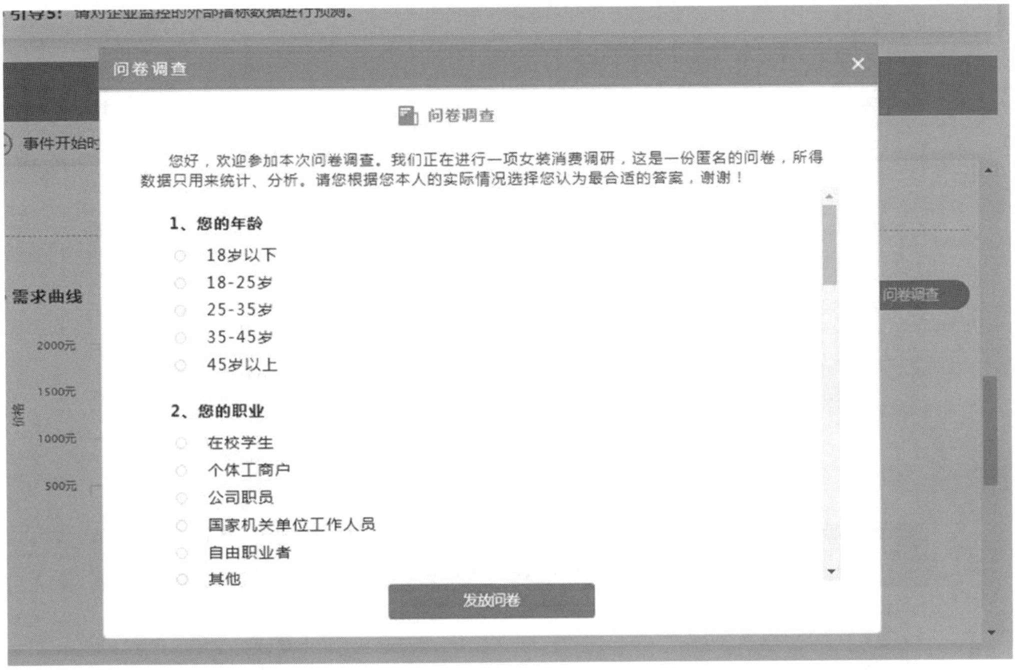

图 6-25

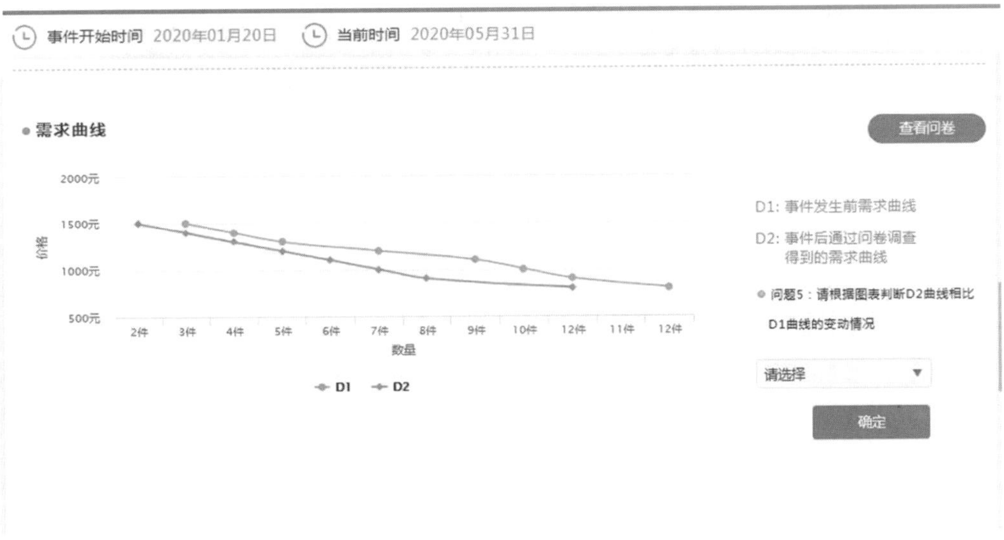

图 6-26

在“市场份额”处点击“预测市场份额”，跳出弹窗，如图 6-27 所示。

点击“查询链接”，新页面链接到 MICD 新闻版块，如图 6-28 所示，点击新闻即可查看，如图 6-29 所示。

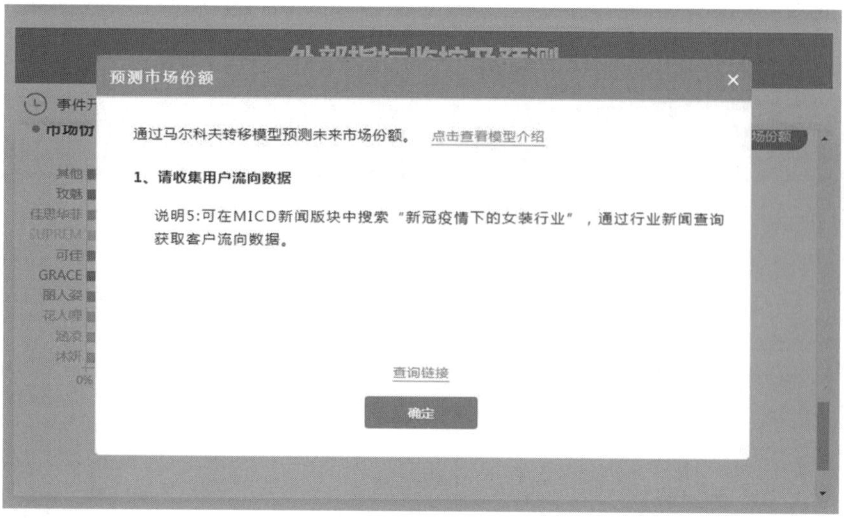

图 6-27

图 6-28

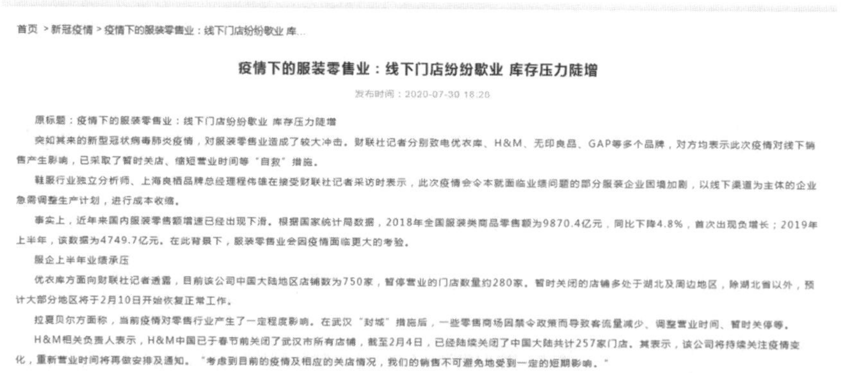

首页 > 新冠疫情 > 疫情下的服装零售业：线下门店纷纷歇业 库...

疫情下的服装零售业：线下门店纷纷歇业 库存压力陡增

发布时间：2020-07-30 18:28

原标题：疫情下的服装零售业：线下门店纷纷歇业 库存压力陡增

突如其来的新型冠状病毒肺炎疫情，对服装零售业造成了较大冲击。财联社记者分别致电优衣库、H&M、无印良品、GAP等多个品牌，对方均表示此次疫情对线下销售产生影响，已采取了暂时关店、缩短营业时间等“自救”措施。

鞋服行业独立分析师、上海良栖品牌总经理程伟雄在接受财联社记者采访时表示，此次疫情会令本就面临业绩问题的部分服装企业困境加剧，以线下渠道为主体的企业急需调整生产计划，进行成本收缩。

事实上，近年来国内服装零售额增速已经出现下滑。根据国家统计局数据，2018年全国服装类商品零售额为9870.4亿元，同比下降4.8%，首次出现负增长；2019年上半年，该数据为4749.7亿元。在此背景下，服装零售业会因疫情面临更大的考验。

服企上半年业绩承压

优衣库方面向财联社记者透露，目前该公司中国大陆地区店铺数为750家，暂停营业的门店数量约280家。暂时关闭的店铺多处于湖北及周边地区，除湖北省以外，预计大部分地区将于2月10日开始恢复正常工作。

拉夏贝尔方面称，当前疫情对零售行业产生了一定程度影响。在武汉“封城”措施后，一些零售商场因禁令政策而导致客流量减少、调整营业时间、暂时关停等。

H&M相关负责人表示，H&M中国已于春节前关闭了武汉市所有店铺，截至2月4日，已经陆续关闭了中国大陆共计257家门店。其表示，该公司将持续关注疫情变化，重新营业时间将再做安排及通知。“考虑到目前的疫情及相应的关店情况，我们的销售不可避免地受到一定的短期影响。”

图 6-29

在“预测市场份额”弹窗中点击“确定”，根据新闻内容填写用户流向数据，如图 6-30 所示。

图 6-30

点击“确定”得到预测结果，并生成图表，如图 6-31 所示。

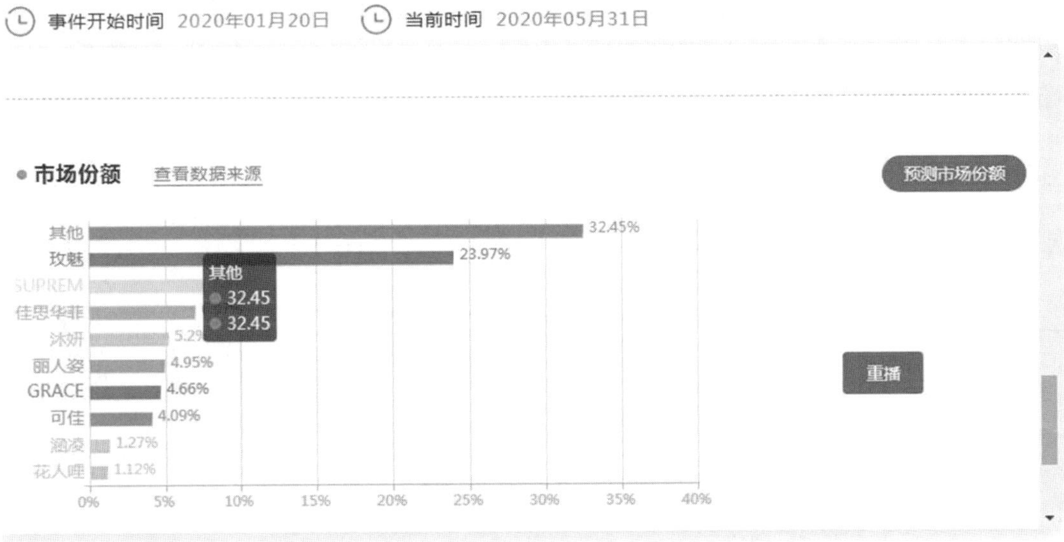

图 6-31

点击“确定”，页面跳转至内部指标监控界面，如图 6-32 所示。

图 6-32

在界面右上角选择商品后，页面导入数据生成图表，如图 6-33 所示。

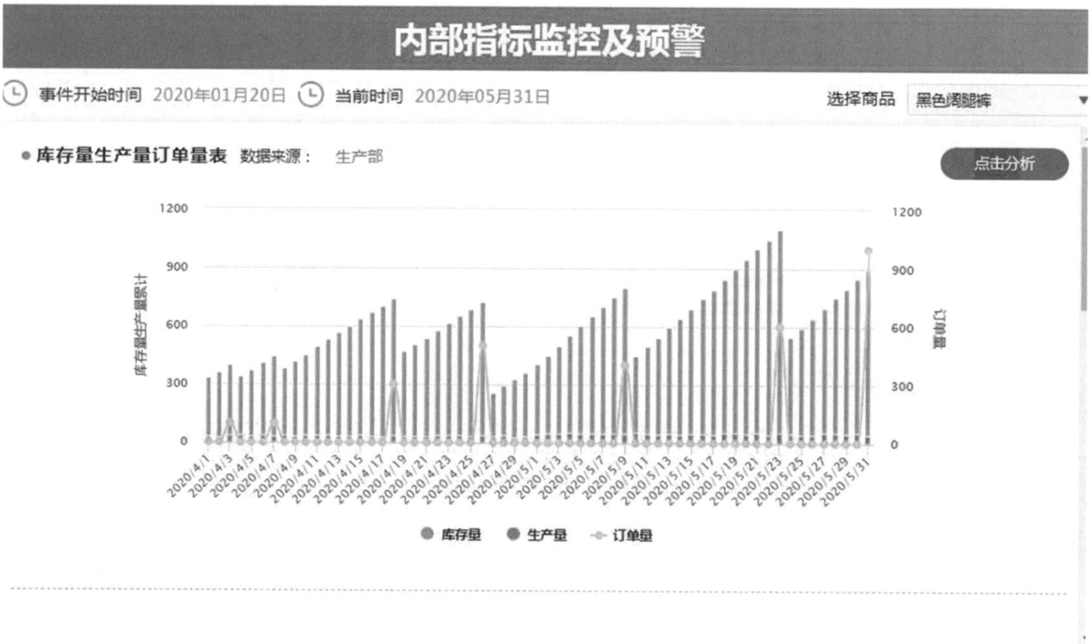

图 6-33

点击图表右上角“点击分析”，并根据预警说明选择当前预警状态，如图 6-34 所示。

图 6-34

步骤 5:分析报告。

点击“分析报告”,页面跳转到步骤 5,生成分析报告,如图 6-35 所示。

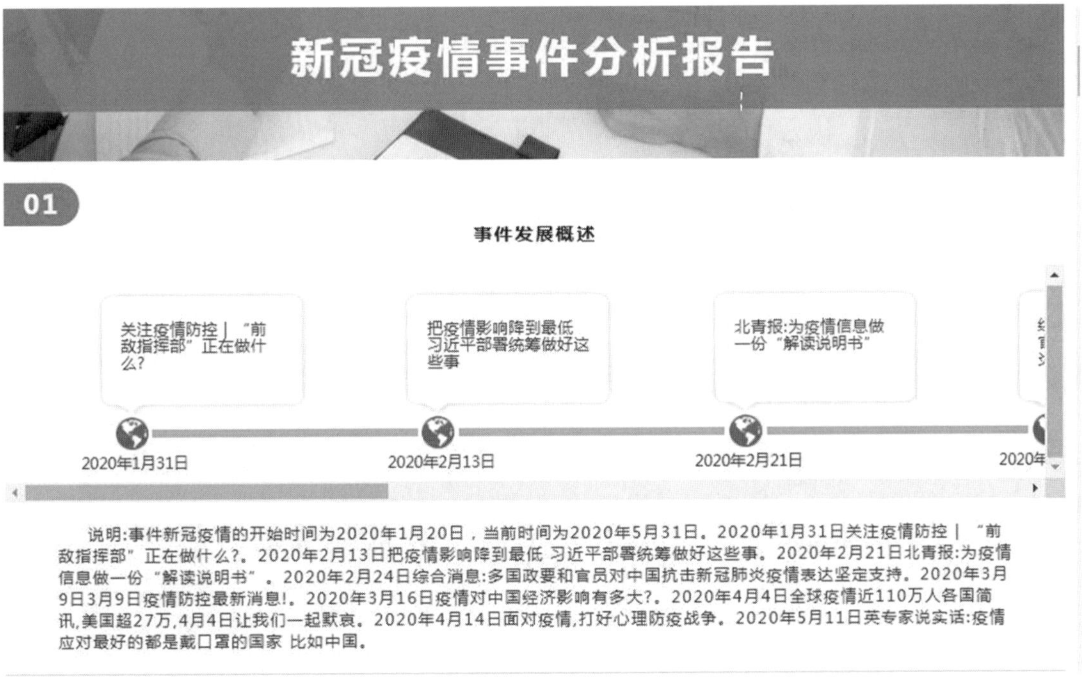

图 6-35

点击“企业如何应对”—“进入管理决策”,如图 6-36 所示。

步骤 6:实验报告。

点击“获取实验报告”,如图 6-37 所示。点击右上角“导出”可导出实验报告。

● **企业目标分解后对应的管理决策模块**

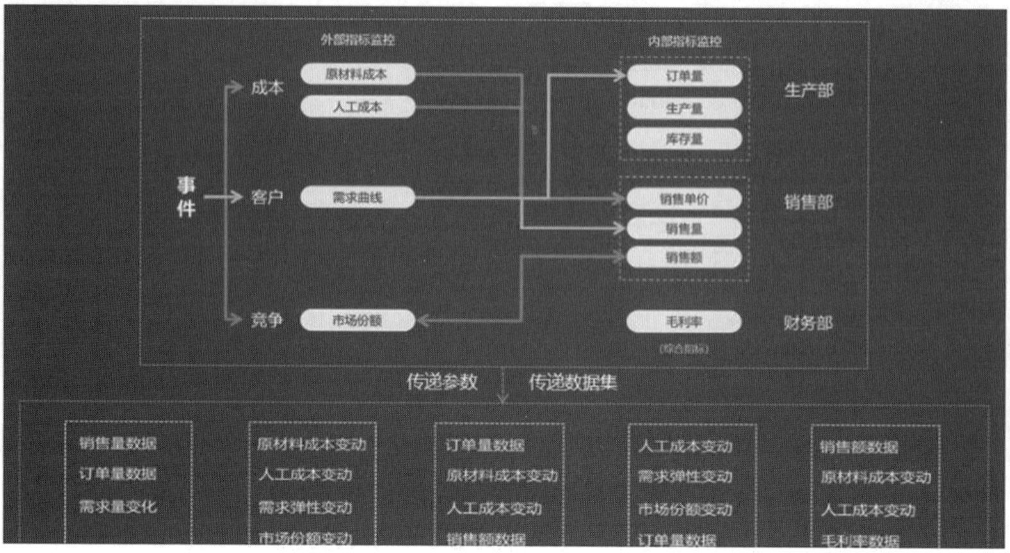

图 6-36

● **引导9：** 查看实验报告，根据反馈建议完善实验过程，完成的实验报告可分享到平台。

实验报告

导出

实验任务： 大数据事件分析

实验完成时间： 2021-09-29 17:20:50

实验成绩： 82.5 分（满分：100分）

实验内容：

步骤	得分	步骤得分
问题1.请根据热度趋势图和事件趋势发展阶段介绍，判断该热点事件当前处于哪个发展阶段?	7.5	正确答案为E,你的答案为E
问题2.请问在舆情分析中事件关键词可为企业带来哪些应用价值？（多选）	0	正确答案为A,B,C,D,你的答案为B
问题3.请根据事件情感趋势分析判断当前该热点事件对企业最可能造成的影响是什么？	15	正确答案为B,你的答案为B
问题4.请根据所创建的用户画像，判断事件关注人群主要属于以下服装行业的哪个细分市场?	20	正确答案为女装（商务）,你的答案为女装（商务）
原材料价格	5	已进行原材料价格预测
市场平均薪资	5	已进行市场平均薪资获取
需求曲线	5	已进行了需求曲线预测
		正确答案为

图 6-37

任务二　销售预测

案例背景

广州歌莱斯服饰股份有限公司作为服装行业企业，疫情带来了前所未有的挑战：

先是对前端销售平台/渠道的巨大冲击，对于以线下门店销售为主的服装品牌而言尤甚。以定位中高端女装的广州歌莱斯服饰股份有限公司来说，在全国拥有 200 家门店，其中超过 80％为直营门店，是典型的以线下渠道为主的高度自营服装品牌代表。

在疫情的冲击下，由于商业停顿、商场闭店等原因，自 2020 年 1 月底开始，广州歌莱斯服饰线下门店大约有一个半月时间处于关闭状态。线下销售的极速下滑，也进一步影响到公司的运营管理，如何保障员工收入，如何稳定与供应商、加盟商的关系等，都是随之面临的系列挑战。

线下门店业务受挫后开拓线上市场，加大线上销售力度成为很多服装品牌的必然选择。2020 年 3 月，广州歌莱斯服饰正式上线"歌莱斯服饰时尚商城"小程序，用户可以在小程序购买公司旗下所有品牌的所有产品，小程序同款同价同步上新，全面推进线上与线下渠道之间的融合，为线下赋能。

为了更好地助力品牌营销和线上线下存货管理，预测各类服饰的销售量是有必要的，那么该如何进行销量的预测呢？

任务实施

步骤 1：数据采集。

将三个渠道的销售数据进行搜集，如图 6-38 所示。

图 6-38

采集线上电商、线下直营以及线下加盟三个渠道 2020 年 4 月 1 日至 2020 年 5 月 31 日的各类型服饰的销售数据，如图 6-39 所示。

2020/4/1 到 2020/5/31

序号	所属期间	星期	产品名称	销售渠道名称	销量
1	2020/4/1	星期三	蓝色V领衬衫	线上电商	1
2	2020/4/2	星期四	蓝色V领衬衫	线上电商	1
3	2020/4/3	星期五	蓝色V领衬衫	线上电商	0
4	2020/4/4	星期六	蓝色V领衬衫	线上电商	0
5	2020/4/5	星期日	蓝色V领衬衫	线上电商	0
6	2020/4/6	星期一	蓝色V领衬衫	线上电商	1
7	2020/4/7	星期二	蓝色V领衬衫	线上电商	1
8	2020/4/8	星期三	蓝色V领衬衫	线上电商	2
9	2020/4/9	星期四	蓝色V领衬衫	线上电商	3
10	2020/4/10	星期五	蓝色V领衬衫	线上电商	2
11	2020/4/11	星期六	蓝色V领衬衫	线上电商	5
12	2020/4/12	星期日	蓝色V领衬衫	线上电商	8
13	2020/4/13	星期一	蓝色V领衬衫	线上电商	9
14	2020/4/14	星期二	蓝色V领衬衫	线上电商	11
15	2020/4/15	星期三	蓝色V领衬衫	线上电商	12
16	2020/4/16	星期四	蓝色V领衬衫	线上电商	13

图 6-39

将采集到的数据绘制散点图，如图 6-40 所示为线上电商渠道蓝色 V 领衬衫 4—5 月的销量。

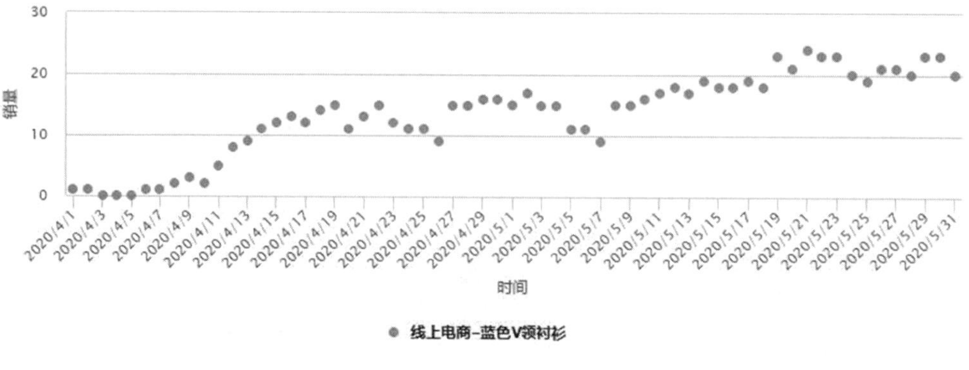

图 6-40

处理异常值。如果采集到的数据有异常值，如图 6-41 所示黑色阔腿裤线下直营渠道采集的销售数据中，有 3 个异常值，即标红点所示，就要进行异常值的处理。

从常见的异常值处理方式中选择处理方法，如不处理、相邻数据均值以及样本均值，如图 6-42 所示。

如选择相邻数据均值作为异常值的处理方法，处理后的结果如图 6-43 所示。

步骤 2：分析数据趋势。

选择因素，通过分析观察图中时间序列数据变化规律，在给定结论中选择最符合因素趋势变化分析的结果，为下一步选择预测方法做准备。在“选择因素”栏，点击选择要分析的因素，点

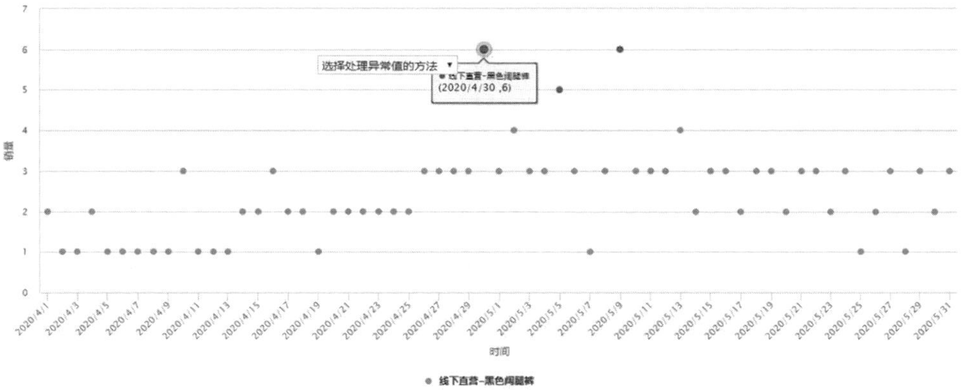

图 6-41

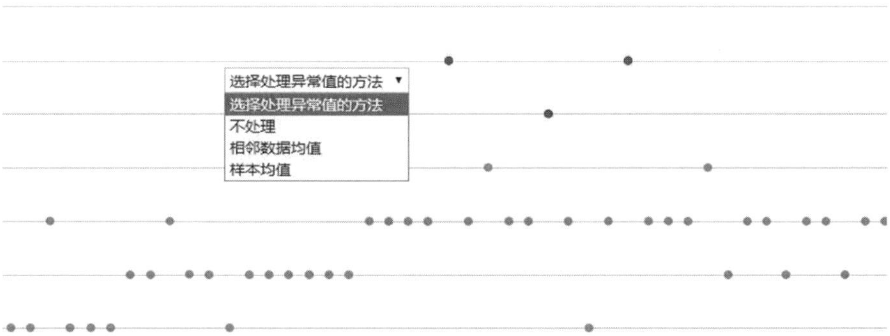

图 6-42

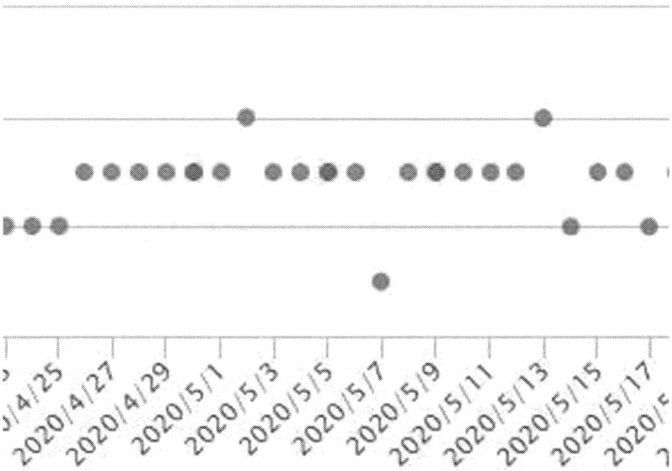

图 6-43

击"散点图""柱状图""折线图"图标，可切换显示对应图形，如图 6-44 至图 6-46 所示。

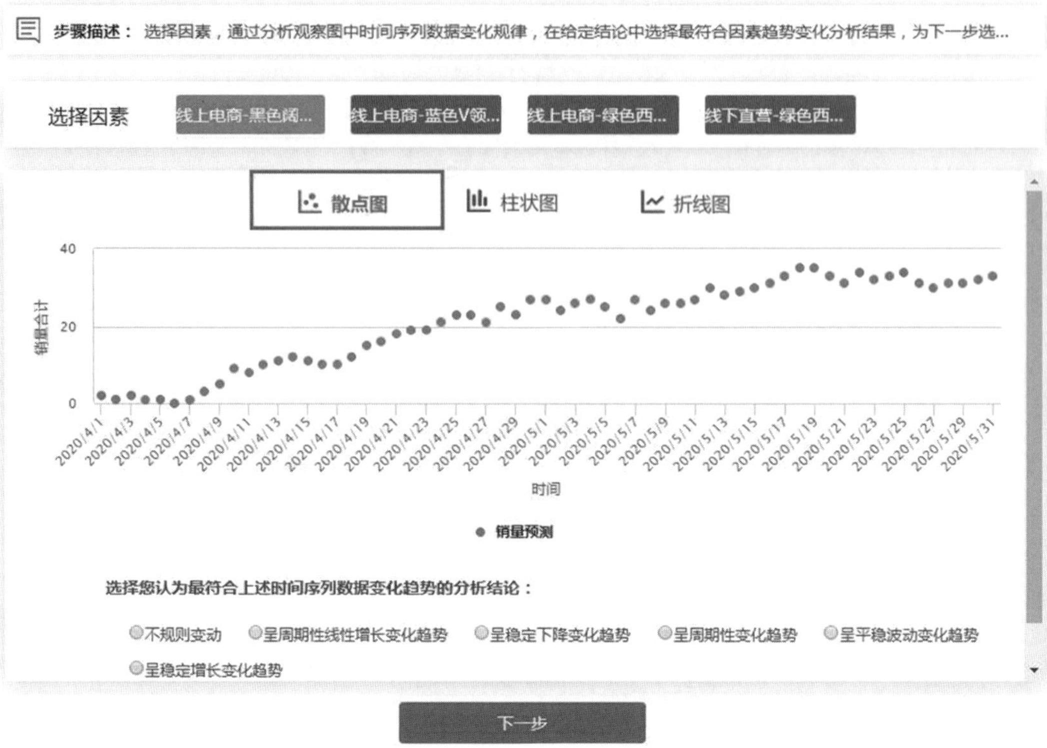

图 6-44

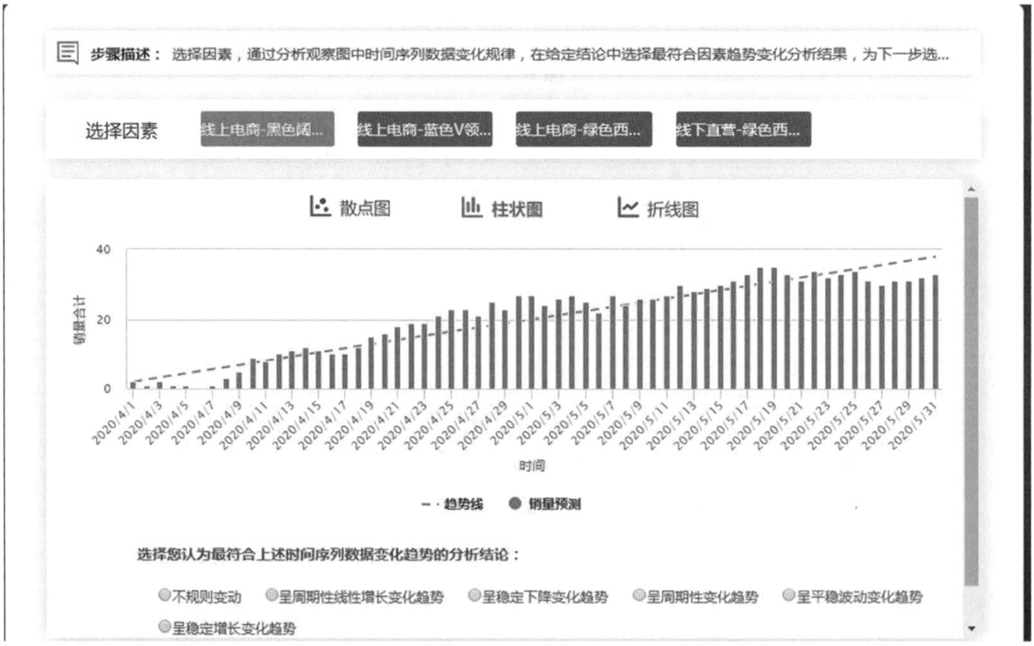

图 6-45

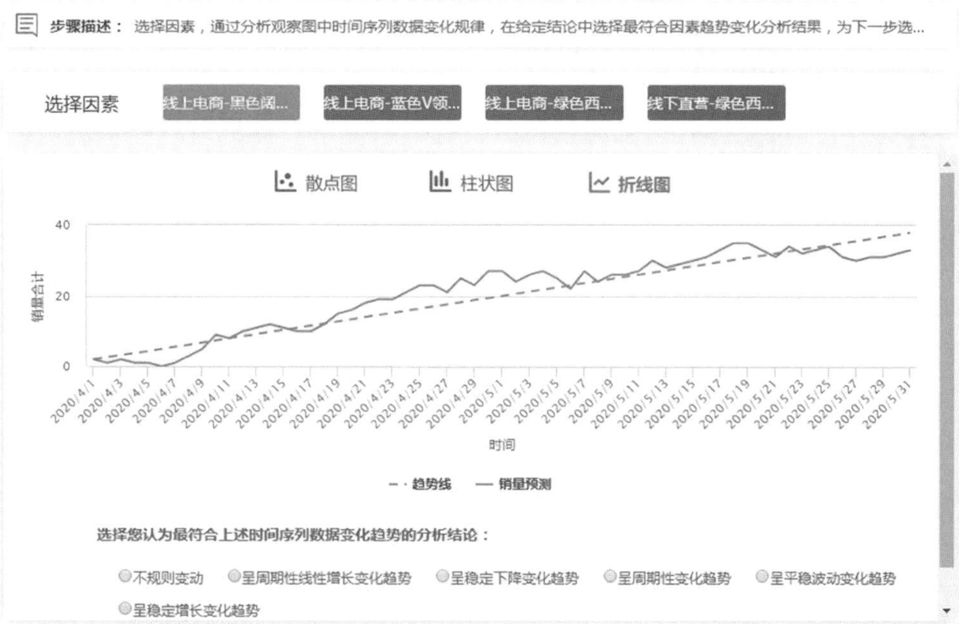

图 6-46

根据散点图、折线图、柱状图反映的因素变化趋势进行分析判断，在下方分析结论处，选择最符合因素数据变化趋势的分析结果，如图 6-47 所示。

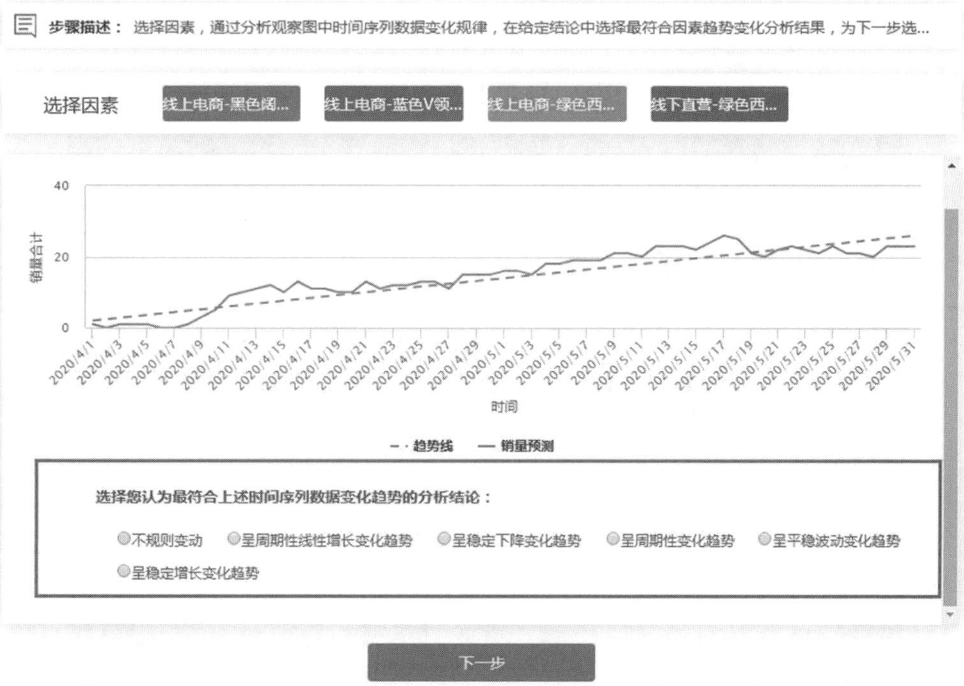

图 6-47

完成当前步骤后，点击“下一步”，系统自动保存操作记录，更新实验报告，并跳转到下一步骤。

步骤3：选择预测方法。

在“选择因素”栏，点击因素图标，可切换方法选择界面，用户需根据数据分析结果，并结合方法模型的“适用范围”，为每一个因素选择1个或2个预测方法，如图6-48所示。

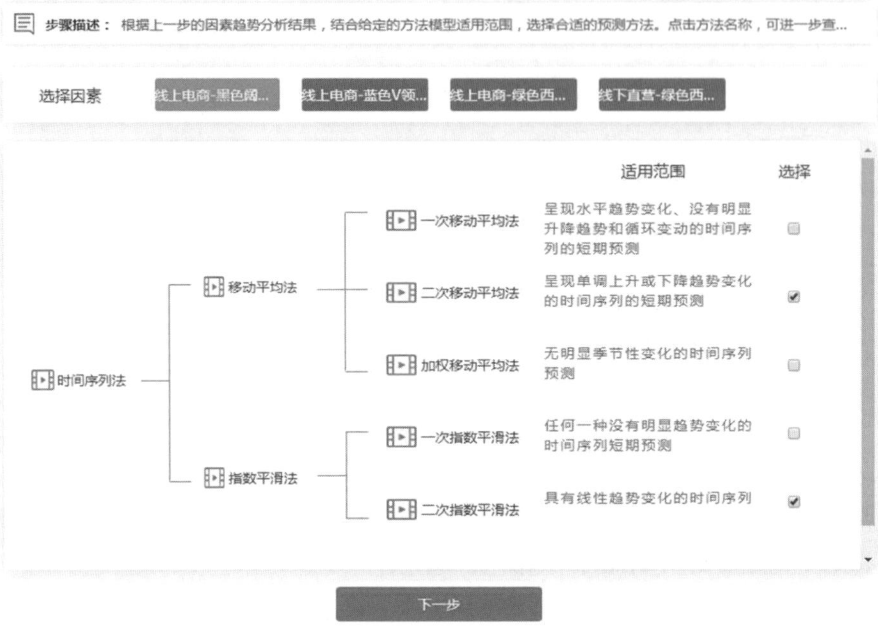

图 6-48

温馨提示：点击方法名称或视频图标，可观看各预测方法的学习视频，如图6-49所示。

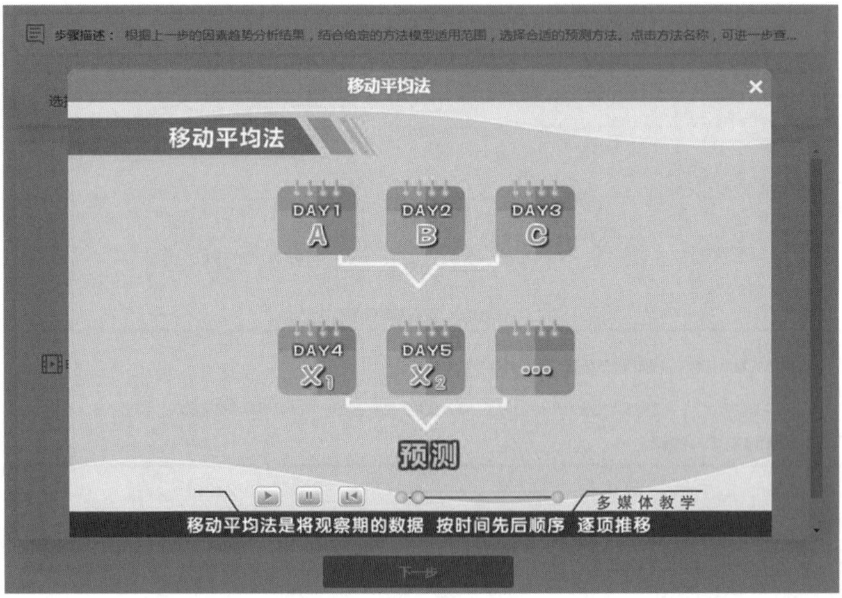

图 6-49

完成当前步骤后，点击“下一步”，系统自动保存操作记录，更新实验报告，并跳转到下一步骤。

在“选择预测对象”处，点击“选择因变量”的下拉选框，选择需要预测的对象，如图 6-50 所示。

图 6-50

在“选择预测对象”处，点击“选择的预测方法”的下拉选框，可查看上述为该因素选择的预测方法，如图 6-51 所示。

图 6-51

选择因变量和预测方法后，系统自动生成一个模型名称并编号，如图 6-52 所示。

温馨提示：模型名称加上编号可唯一识别对应的因素、方法和模型参数，修改编号，系统自动清空参数，默认为建立新的模型。

图 6-52

输入合适的参数值，点击“开始计算”，如图 6-53 所示，系统自动生成模型，并输出预测结果。

图 6-53

温馨提示：系统根据选择的方法，自动显示对应的模型参数，如“一次指数平滑法”和“二次指数平滑法”的参数是指数平滑系数 a，“一次移动平均法”和“二次移动平均法”的参数是跨越期 n，“加权移动平均法”的参数是跨越期 n 和权数 w。参数对模型的影响，可参看“提示”，如图 6-54 所示。

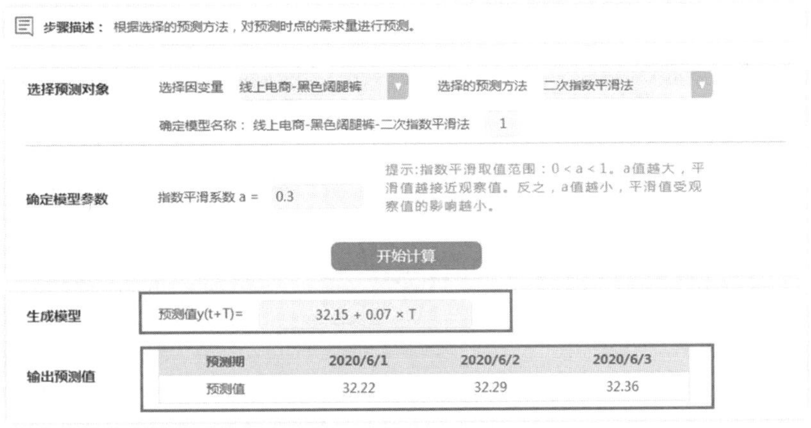

图 6-54

更改模型的编号，重新输入不同的参数值，用同样的方法，输出预测值，可以进行多次预测，如图 6-55 所示。

图 6-55

完成当前步骤后，点击“下一步”，系统自动保存操作记录，更新实验报告，并跳转到下一步骤。

步骤 4：进行销售预测。

点击下拉选框，可选项为上一步完成预测的因素名称，选择因素名称，表格中显示该因素得到的所有预测模型及模型相关参数值，系统自动计算模型的均方根误差，如图 6-56 所示。

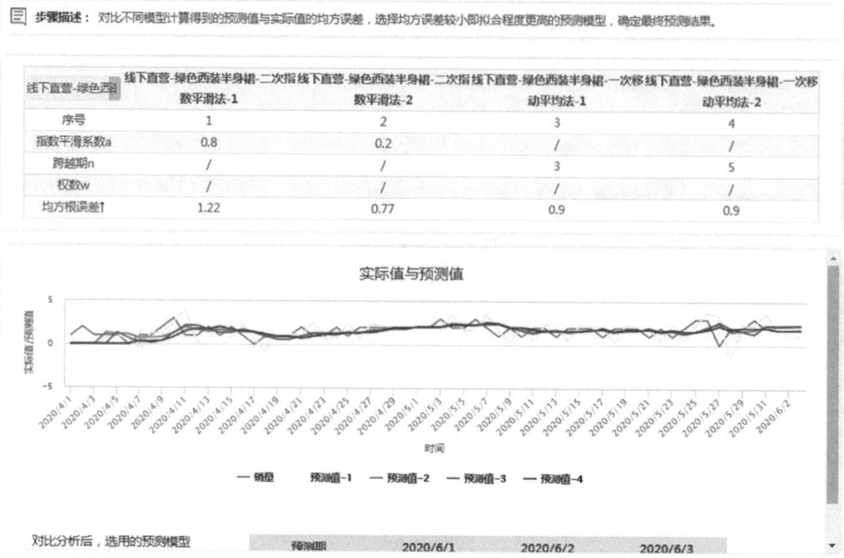

图 6-56

通过对比不同模型的均方根误差值，选择均方根误差较小即拟合程度更高的预测模型作为选用模型，确定预测结果，如图 6-57 所示。

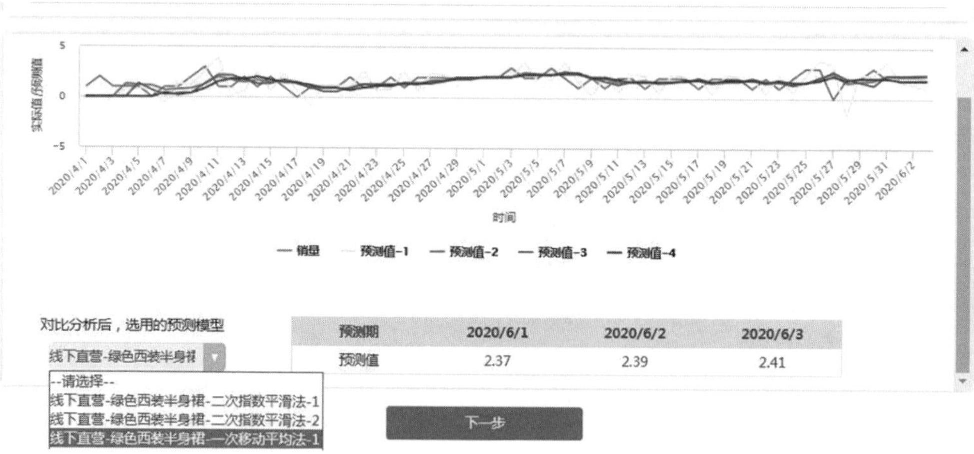

图 6-57

完成当前步骤后，点击“下一步”，系统自动保存操作记录，更新实验报告，并跳转到下一步骤。

步骤 5：调整预测结果。

如图 6-58 所示，点击“选择预测模型”下拉选框，可查看上一步选用的模型名称，点击选择一个模型名称，系统自动填充该模型对应的因素名称和预测方法。

图 6-58

点击“选择预测时点”下拉选框，选择一个预测时点，如图 6-59 所示。

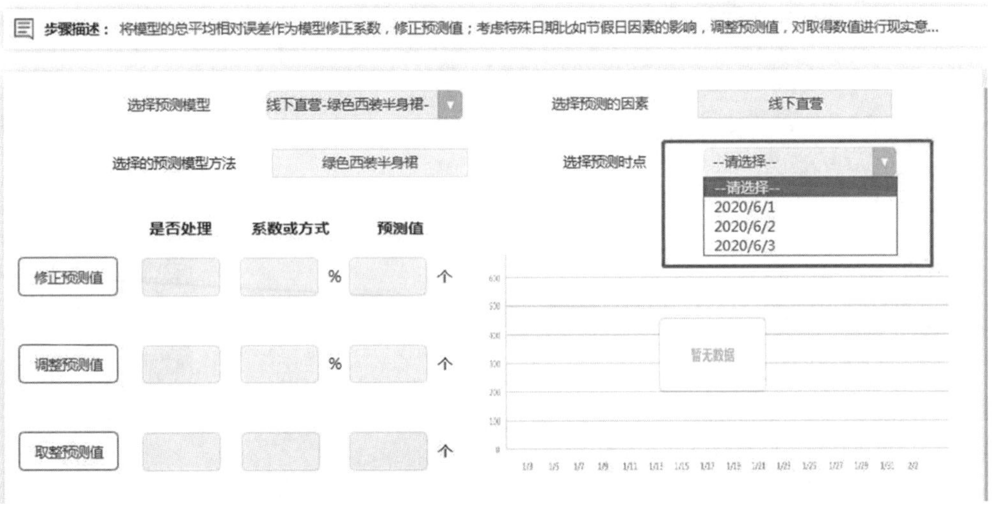

图 6-59

点击“修正预测值”，显示修正系数选择弹窗，选择“是否修正”“修正系数取值方式”，可选择系统自动计算修正系数，也可以根据考虑的其他因素确认一个修正系数，手动输入，如图 6-60 所示，输入完毕后点击确定。

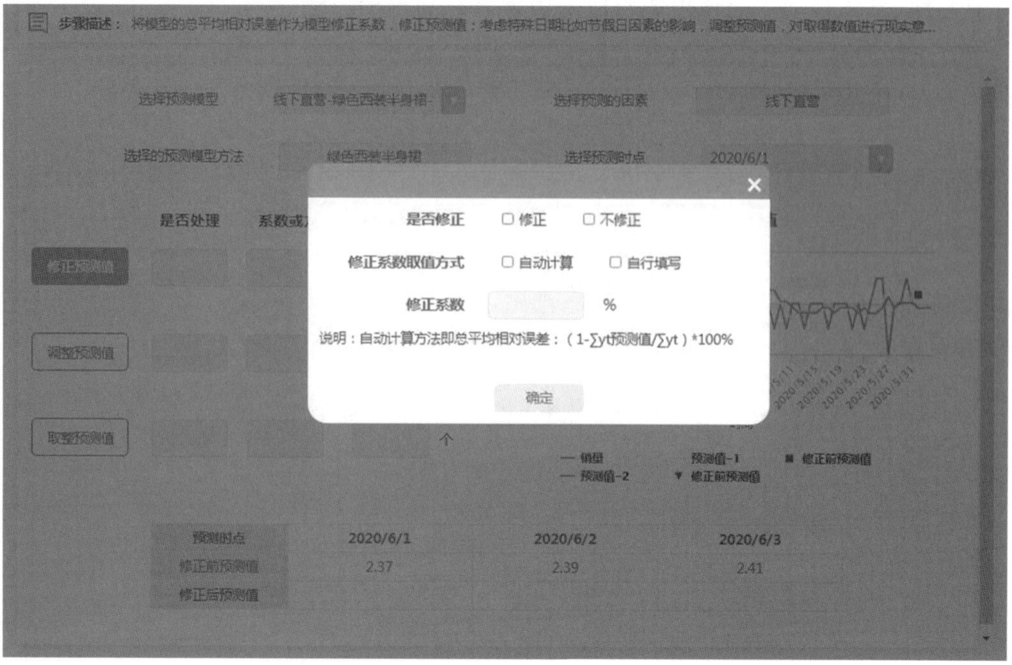

图 6-60

点击“调整预测值”，显示调整系数选择弹窗，进行选择，如图 6-61 所示。输入完毕后点击确定。

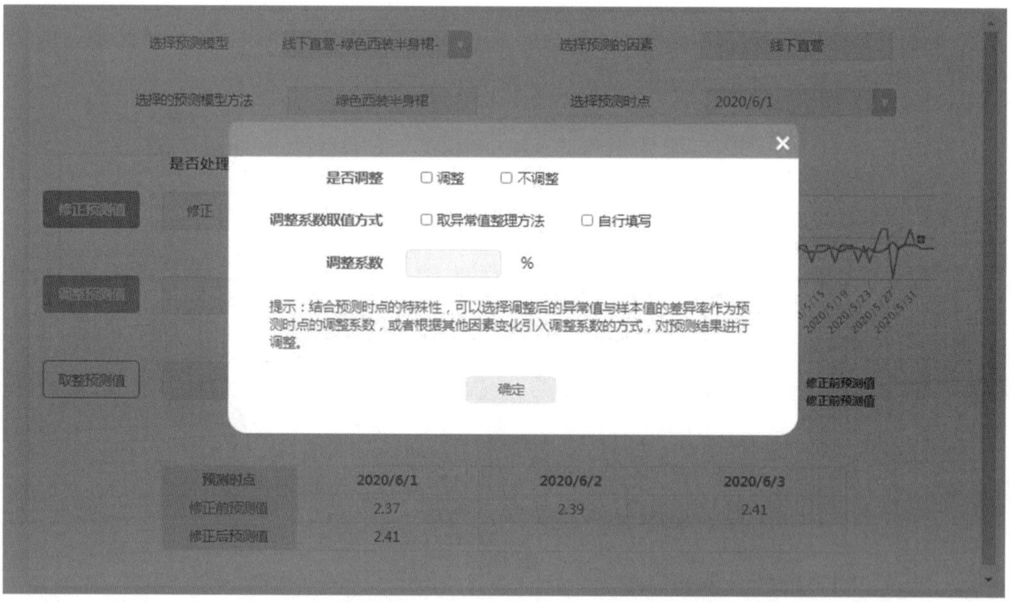

图 6-61

点击“取整预测值”，显示“是否取整”和“取值方式”弹窗，如图 6-62 所示，进行选择，系统输出修正后的预测值。

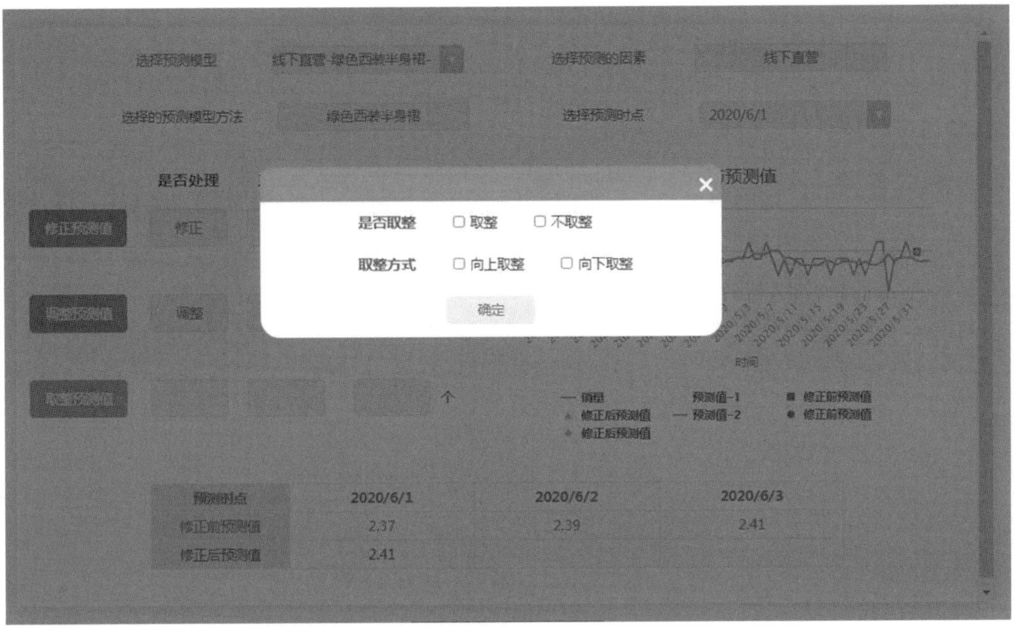
选择预测模型
线下直营-绿色西装半身裙-
选择预测的因素
线下直营
选择的预测模型方法
绿色西装半身裙
选择预测时点
2020/6/1
是否处理
修正预测值
修正
调整预测值
调整
取整预测值
个
是否取整
取整
不取整
取整方式
向上取整
向下取整
确定
预测值
时间
销量
预测值-1
修正前预测值
修正后预测值
预测值-2
预测时点
2020/6/1
2020/6/2
2020/6/3
修正前预测值
2.37
2.39
2.41
修正后预测值
2.41

图 6-62

任务三　产品定价

案例背景

广州歌莱斯股份有限公司作为一家集服饰设计加工和自主品牌设计研发、产供销于一体的服装企业，年均开发超过 200 款新品投放市场，每季度末生产下一季度的服饰，使公司品牌能推行快速的商品上市节奏，确保线上和零售门店及时推出当季新品，保持服装商品的高新鲜度与时尚度。

服装与其他产品不同，人们对服装的需求具有多样性，这就决定了服装的竞争手段的多样性，包括产品、品牌、价格、质量等。

对于销售部门来说，定价是一个核心的问题，定价涉及产品的内在因素，如材料、质量、产量、品牌等，也涉及经济因素、销售环境、竞争环境等外在因素，还涉及需求方在不同场景下不同的价格期望的消费心理。定价时既要提高公司利润，也要提升用户满意度。因此，歌莱斯服饰股份有限公司在制定价格时，必须根据自己的定价目标，结合目标市场的具体情况，选择适当的定价方法和定价策略，以实现更好的经济效益和长远发展的目标。

任务实施

步骤 1：成本数据核算。

进入“产品定价”实训模块，选择 2020 年 4 月 1 日至 2020 年 4 月 30 日的成本费用数据进行汇总，如图 6-63 所示。（注意：定价产品和数据汇总时段一经选择，不得随意变更，此处的“是/否考虑重大影响”与“重大事件的性质”暂不对实验结果造成影响。）

图 6-63

系统按照“生产”“营销”“人工”“采购”分类显示成本费用数据，可点击查看，了解各类别下的数据内容，如图 6-64、图 6-65 所示。

图 6-64

选择数据　间接计入产品　直接计入产品

所属期间	星期	费用名称	费用发生额（元）
2020/4/1	星期三	包装费	5700
2020/4/2	星期四	包装费	4500
2020/4/3	星期五	包装费	4200
2020/4/4	星期六	包装费	3000
2020/4/5	星期日	包装费	2700
2020/4/6	星期一	包装费	2700
2020/4/7	星期二	包装费	3600
2020/4/8	星期三	包装费	6600
2020/4/9	星期四	包装费	8700
2020/4/10	星期五	包装费	14100
2020/4/11	星期六	包装费	16500
2020/4/12	星期日	包装费	21000
2020/4/13	星期一	包装费	23700

图 6-65

根据成本性态划分标准，将各类费用进行分类，如图 6-66、图 6-67 所示。

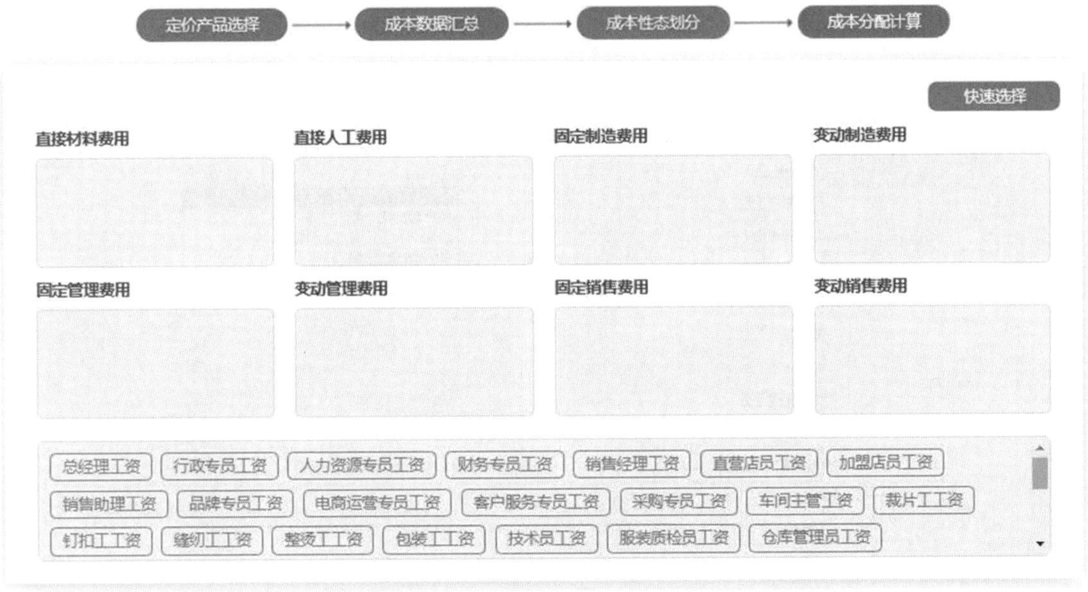

图 6-66

图 6-67

为各项费用选择合适的分配标准（“按产量占比分配”“按生产人工工时占比分配”“按销量占比分配”“按销售收入占比分配”），如图 6-68 所示。

完成费用分配后，系统根据选择的分配标准，将所有成本费用分配到定价产品上，生成产品费用分配结果柱形图，如图 6-69 所示。

再选择相应的费用分配率（按产量分配或者按销量分配），将已分配到定价产品上的所有的成本费用再次分配到单位产品上，生成“单位产品费用分配结果柱形图”，如图 6-70 所示。

图 6-68

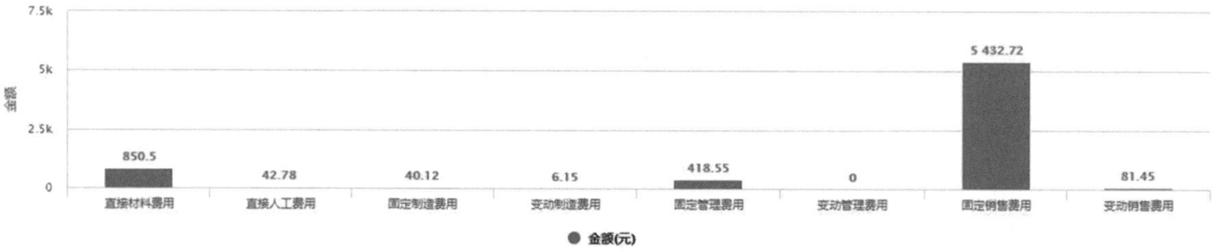

图 6-69

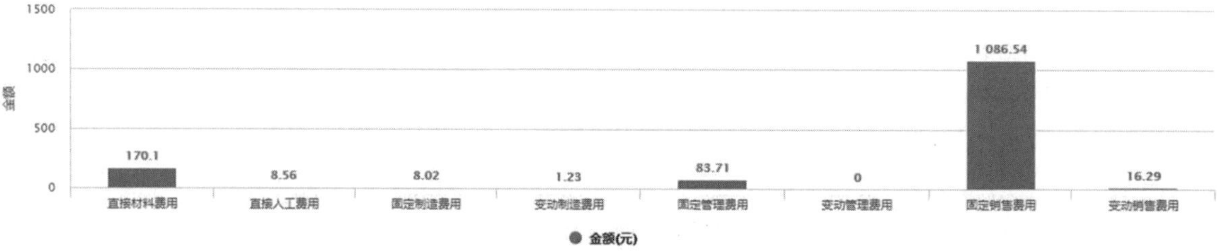

图 6-70

根据选择的时间段获取数据，代入生命周期预测模型中，计算得到模型参数，并绘制产品生命周期曲线，如图 6-71 所示。

按照“价格统计间隔区间”下拉框处选择的价格的间隔区间，对“原始数据采集时段”下拉框处选择的时段内的历史数据，按照该价格区间进行销量和销售收入的汇总统计，如图 6-72 所示。

日期	2020/5/26	2020/5/27	2020/5/28	2020/5/29	2020/5/30	2020/5/31
时间标记(t)	0	1	2	3	4	5
销量(y)	45	47	46	49	49	51
三段和(∑logy)	3.325		3.353		3.398	

生命周期预测模型参数

b = 1.273　　a = 1.046　　k = 43.692

生命周期预测模型　$y_{(t)} = 43.692\times(1.046)^{1.273^t}$

注：根据参数结果可以得到生命周期预测模型。

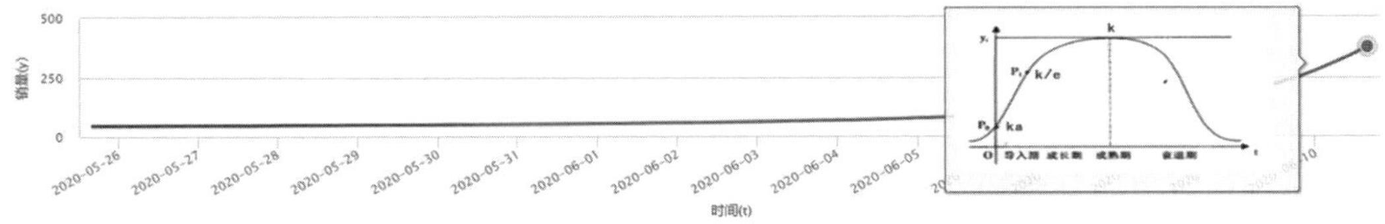

注：以时间为横轴，销量为纵轴绘制生命周期曲线。

图 6-71

历史销售数据采集 → 弹性系数计算

原始数据采集时段　2020-04-01　至　2020-05-31　　价格统计间隔区间　10　　确定

价格区间	销量	销售收入	平均价格
1150-1160	630	727587	1154.9
1160-1170	598	696137	1164.11
1170-1180	546	641034	1174.05
1180-1190	256	302080	1180

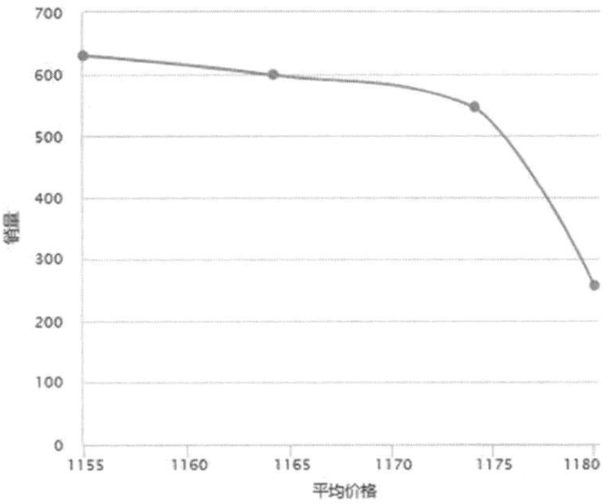

图 6-72

系统根据得到的平均价格，绘制平均价格与销量的相关关系图，如图 6-73 所示。

在拟合模型单选按钮处选择任意拟合模型，系统会根据该拟合模型绘制平均价格和销量的拟合曲线，并显示拟合曲线的 R^2 值和拟合曲线方程，如图 6-74 所示。

根据该拟合模型得到的需求模型，代入定价产品的当前市场售价，可得到弹性系数。可根据该弹性系数值，判断定价产品需求对价格的弹性关系，如图 6-75 所示。

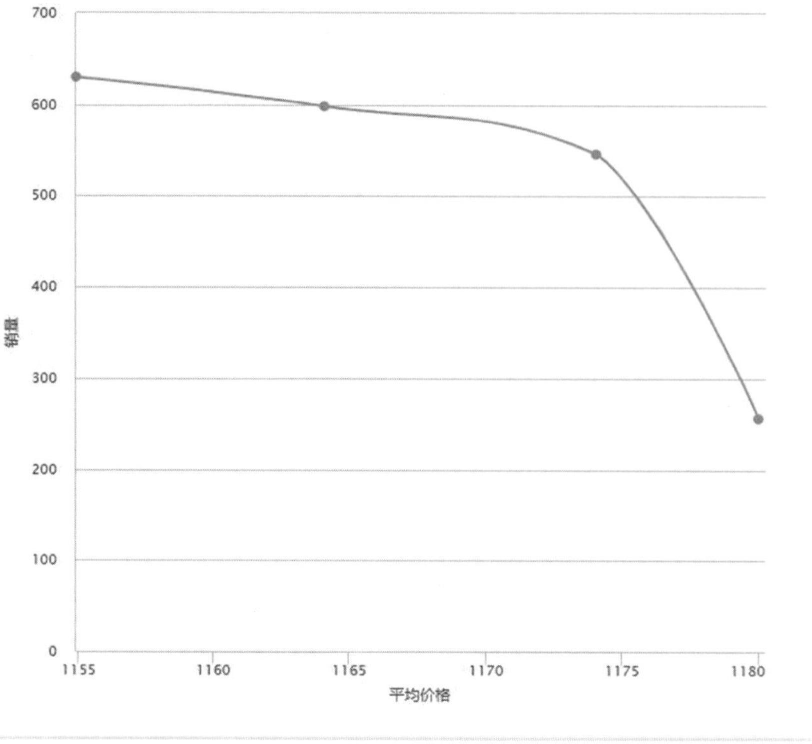

700
600
500
400
300
200
100
0
销量
1155
1160
1165
1170
1175
1180
平均价格

图 6-73

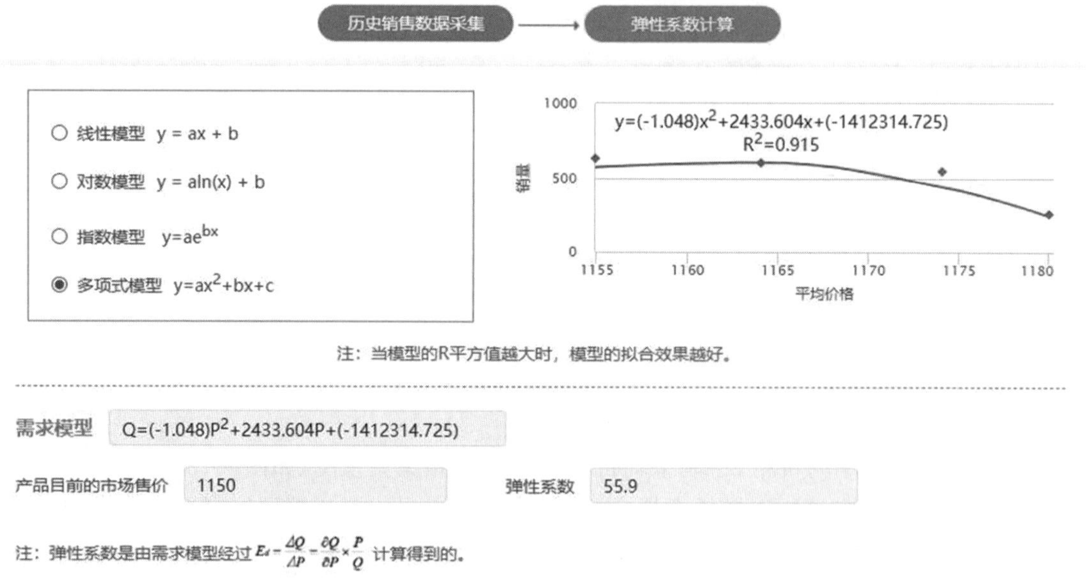

历史销售数据采集
弹性系数计算
线性模型 y = ax + b
对数模型 y = aln(x) + b
指数模型 y=ae^bx
多项式模型 y=ax^2+bx+c
1000
y=(-1.048)x^2+2433.604x+(-1412314.725)
R^2=0.915
销量
500
0
1155
1160
1165
1170
1175
1180
平均价格
注：当模型的R平方值越大时，模型的拟合效果越好。
需求模型
Q=(-1.048)P^2+2433.604P+(-1412314.725)
产品目前的市场售价
1150
弹性系数
55.9
注：弹性系数是由需求模型经过 Ed = ΔQ/ΔP = ∂Q/∂P × P/Q 计算得到的。

图 6-74

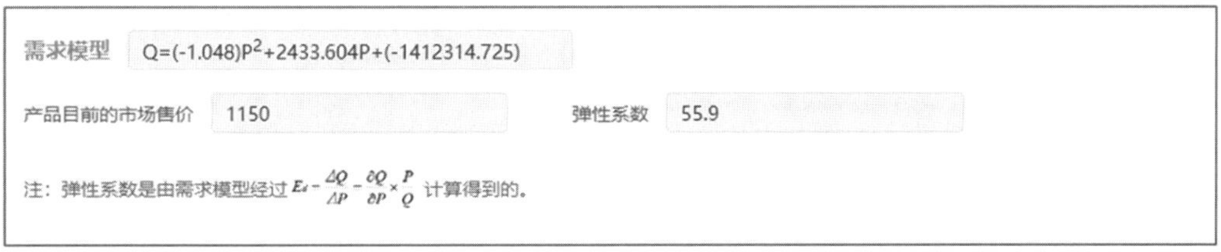

图 6-75

根据产品所处生命周期阶段和需求对价格的弹性关系，结合案例背景材料和“市场份额占比”扇形图，判断市场竞争状况、选择企业定价目标，系统会根据我们对这两项的选择自动推荐合适的定价策略，并显示在“企业定价策略建议”文本框内，如图 6-76 所示。

图 6-76

选择相应的成本加成方法，系统会根据对应的选择，自动显示计算的成本数值。系统根据选择的成本加成方法、“企业定价策略建议”文本框内的定价策略、“市场上不同价格区间的经营者数量分布”柱形图以及表格内的“市场最低售价”“市场平均售价”和“市场最高售价”，自动推荐对应的加成比率区间，如图 6-77 所示。

选择是否考虑其他因素，并且选择考虑的具体因素，然后在“加成比率设置”文本框内输入加成比率，在“模型编号”文本框内输入编号“1”，生成模型。系统会自动填充下方公式中的“单位完全/变动成本”“加成比率”“单位产品售价”文本框，并在下方柱形图中显示该公式中各组成部分的具体数值。

更改“加成比率设置”文本框内输入的数值，再生成模型，系统自动更新下方公式中的“单位完全/变动成本”“加成比率”“单位产品售价”文本框，并在柱形图上增加显示新生成公式中各组成部分的具体数值，如图 6-78 所示。

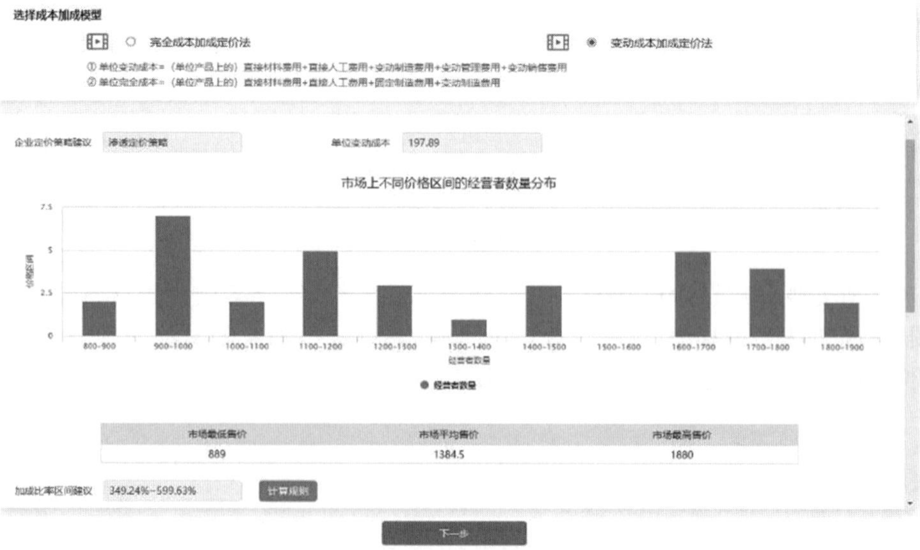

图 6-77

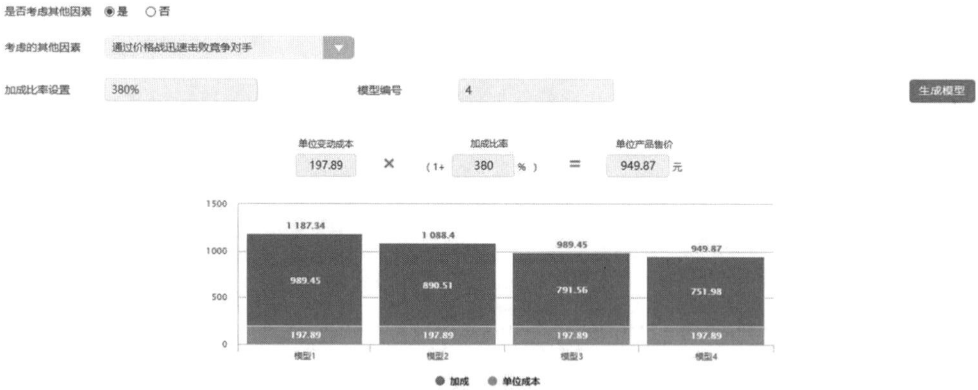

图 6-78

需要注意的是，一般商品价格不属于政府指导价、政府定价范围内。服装价格由企业根据成本、利润等因素来制定，由市场指导价格。只有商家在没有明码标价，存在价格欺诈、价格垄断时，物价部门才会进行干涉。企业在制定商品价格时，应当秉持诚实守信的原则，遵守市场经济秩序。

在问卷调查部分 Q1 单选框中选择一个恰当的问题，如图 6-79 所示，发出问卷之后，系统弹出弹窗显示问卷调查结果。

之后根据问卷调查结果绘制“价格敏感度测试（PSM）”图，如图 6-80 所示。

选择模型编号后，系统根据选择的模型显示对应的“预期利润”“预期销量”或者“预期品牌超额利润”值（具体视企业的定价目标而定）。

步骤 2：系统自动绘制“预期利润曲线”“预期销量曲线”或者“预期品牌超额利润曲线”（具体视企业的定价目标而定）。

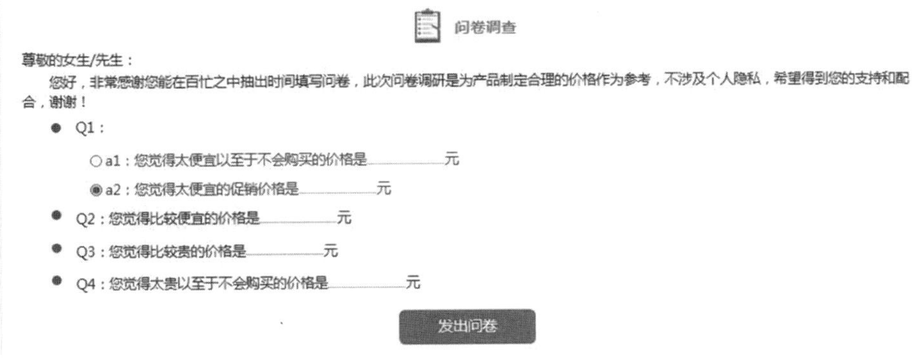
问卷调查
尊敬的女生/先生：
您好，非常感谢您能在百忙之中抽出时间填写问卷，此次问卷调研是为产品制定合理的价格作为参考，不涉及个人隐私，希望得到您的支持和配合，谢谢！
Q1：
a1：您觉得太便宜以至于不会购买的价格是______元
a2：您觉得太便宜的促销价格是______元
Q2：您觉得比较便宜的价格是______元
Q3：您觉得比较贵的价格是______元
Q4：您觉得太贵以至于不会购买的价格是______元
发出问卷

图 6-79

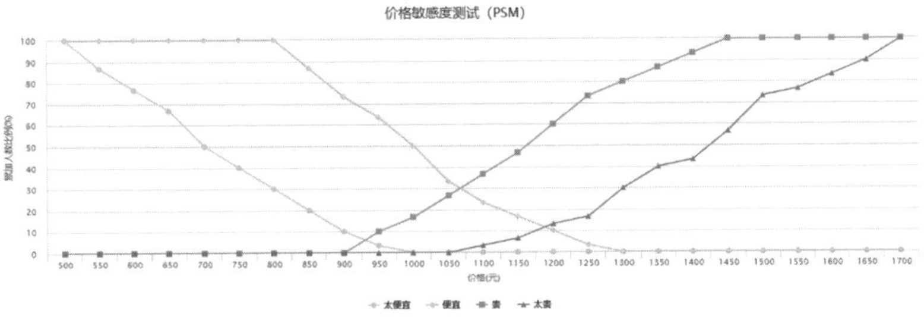
价格敏感度测试（PSM）
价格(元)
太便宜
便宜
贵
太贵

图 6-80

通过“单位产品售价”左侧的“－”按钮，可以依次以“1”为单位降低单位产品售价；通过右侧的“＋”按钮，可以依次以“1”为单位提高单位产品售价。也可以直接在“单位产品售价”文本框内修改单位产品售价，修改的最小值不得低于“可接受价格区间”下限。对应的“预期利润”“预期销量”或者“预期品牌超额利润”根据单位产品售价进行实时更新，如图 6-81 所示。

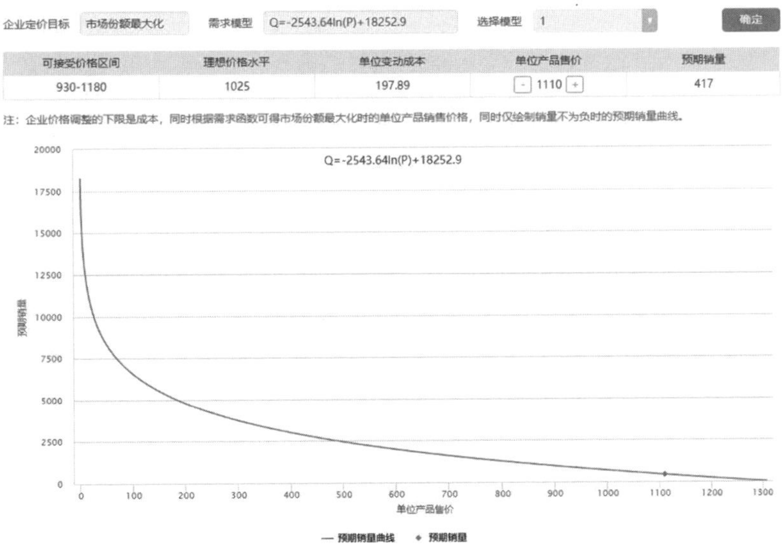
企业定价目标　市场份额最大化　需求模型　Q=-2543.64ln(P)+18252.9　选择模型　1　确定
可接受价格区间　理想价格水平　单位变动成本　单位产品售价　预期销量
930-1180　1025　197.89　1110　417
注：企业价格调整的下限是成本，同时根据需求函数可得市场份额最大化时的单位产品销售价格，同时仅绘制销量不为负时的预期销量曲线。
Q=-2543.64ln(P)+18252.9
预期销量
单位产品售价
预期销量曲线
预期销量

图 6-81

任务四 相关性分析

案例背景

服装企业要想把自己的品牌做成主流，仅依赖渠道，靠做销售额的打法，是行不通的。相比其他行业，服装行业具有更新快、产品数量繁多等特点，商品远远供过于求，渠道内众多品牌同场竞争，消费者有太多选择。很多品牌服装都是通过各种形式的广告得以被认知和推广的，只有通过做品牌广告，产生更长期的营销效果，提高用户的购买决策和购买效率，形成信任壁垒，才能在市场中确立主体地位，获得品牌溢价。

如果不投广告，商家可能没有流量、没有订单；如果随意投放广告，又可能入不敷出，导致投入产出比不划算。歌莱斯服饰目前的广告投放方式有电视广告投放和平面广告投放两种方式，现市场部门需要制定下一季度的品牌营销预算，那么对于电视广告和平面广告两种投放方式，各自的投入金额对销售收入的影响是相同的吗？怎么进行投放金额的配比才能达到目标销售额呢？

任务实施

步骤 1：收入费用处理。

通过“新商科产教融合案例资源库”软件平台对歌莱斯企业的费用和收入数据进行相关性分析，通过对广州歌莱斯服饰股份有限公司 2020 年 5 月份的销售收入与电视广告费用或平面广告费用进行相关性分析，预测目标收入下的广告费用投入参考值。

点击“实验操作”下方的“相关性分析”实验名称按钮，可查看实验简介、实验流程，如图 6-82 所示，点击界面下方“开始实验”按钮。

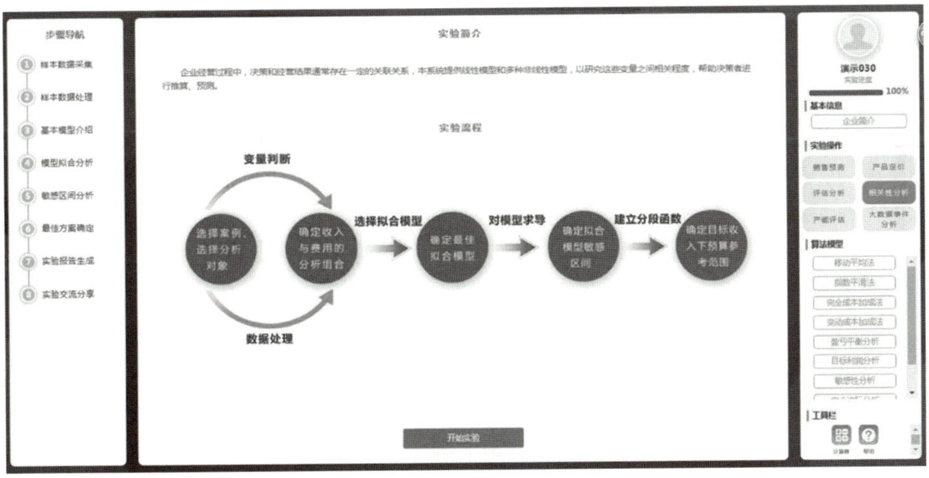

图 6-82

点击界面下方“开始实验”按钮，界面跳转到“应用选择”界面，选择要采集的数据，如图 6-83 所示。

图 6-83

“选择数据”处，点击因素图标，点击下拉选框，选择样本数据的时点，点击“确定”按钮，提示“数据采集成功”，则数据采集成功，如图 6-84、图 6-85 所示。

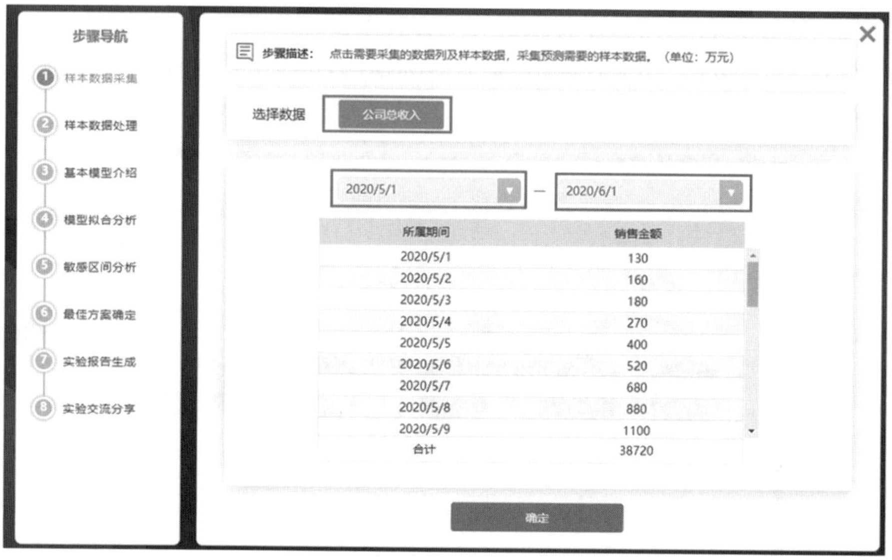

图 6-84

完成当前步骤后，点击“下一步”，系统自动保存操作记录，更新实验报告，并跳转到下一步骤。

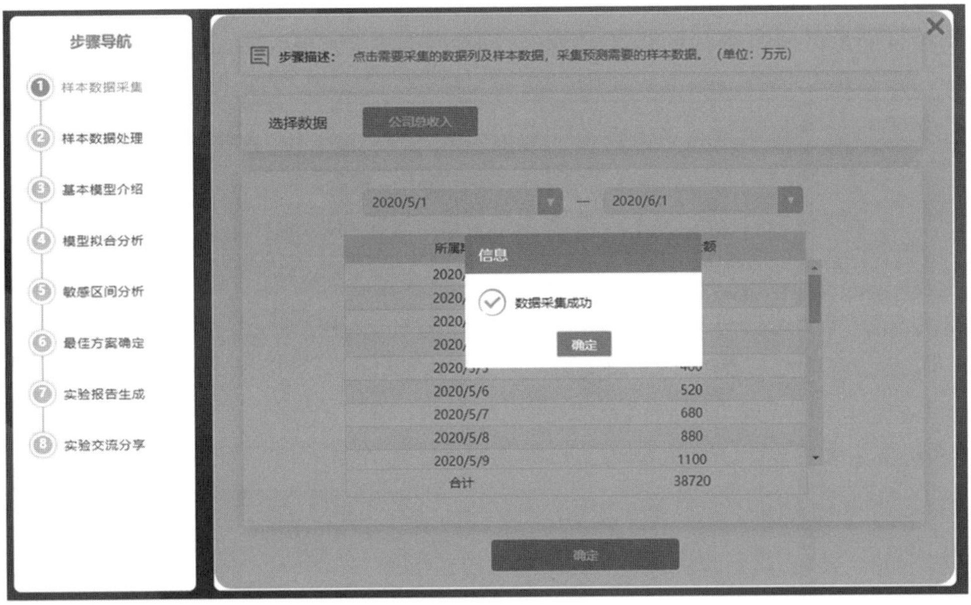

图 6-85

在“因素名称”列，点击因素名称，可查看上一步采集的样本数据，点击“散点图”“柱状图”“折线图”图标，可切换显示因素及样本数据的变化趋势。点击“变量分类”下的单选按钮，可对各因素进行变量分类，如图 6-86 所示。

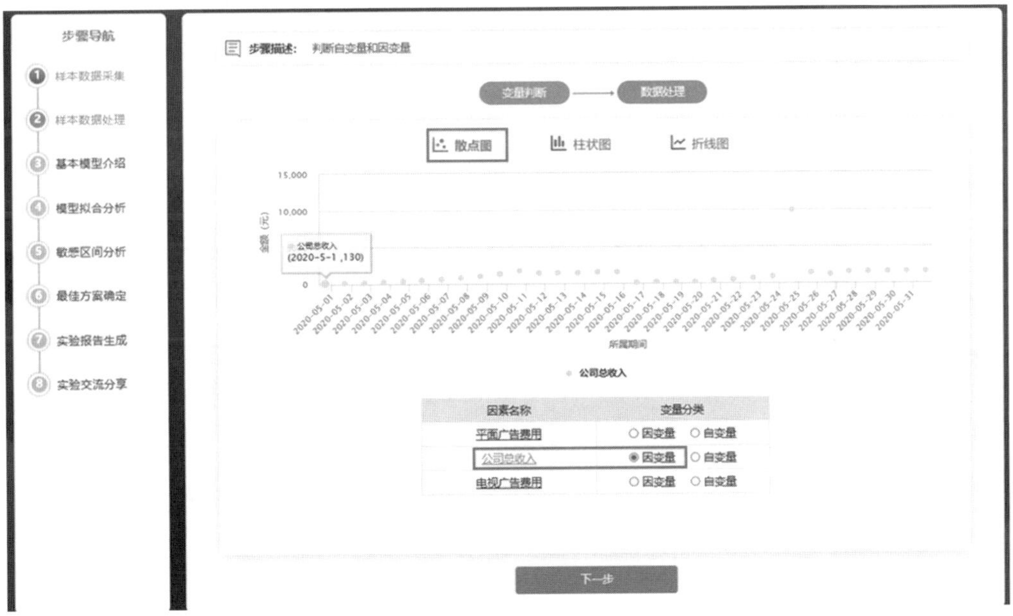

图 6-86

点击“下一步”，进入“数据处理”界面，依次在“选择因变量”“选择自变量”下拉框中选择一组因变量和自变量，在“设置区间间隔”文本框输入区间间隔数据，系统自动确定分析组合名称，然后点击“数据处理”，系统自动实现按照自变量的样本数据和设置的区间间隔数，计算自变量区间以及各自变量区间范围内的自变量均值、因变量均值，如图 6-87、图 6-88 所示。

图 6-87

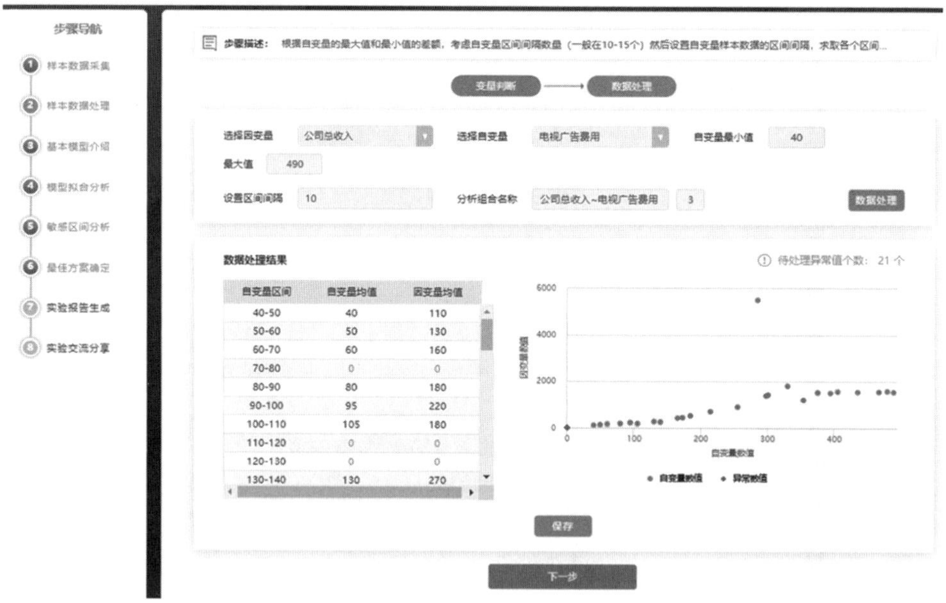

图 6-88

系统自动将自变量区间间隔没有样本数据的区间，以红点(0,0)显示，作为异常数据显示在“数据处理结果”表格和散点图中，散点图右上角显示当前分析组合数据待处理的异常值个数，散点图上红点即为异常值，如图 6-89 所示。

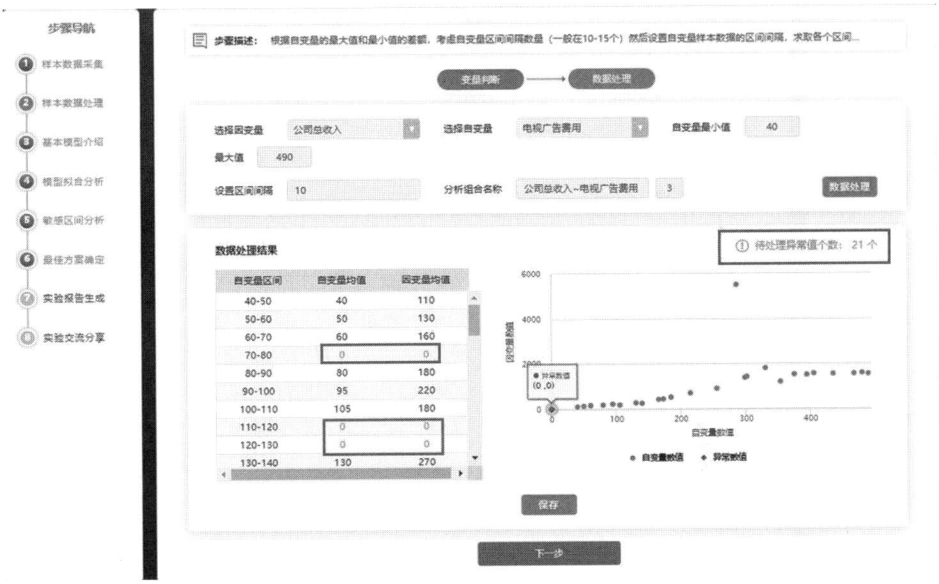

图 6-89

双击表格中的异常数据行，在散点图中出现“选择处理方法”下拉选框，点击下拉选项，选择一种异常数据处理方法，完成对异常值的处理，如图 6-90 所示。

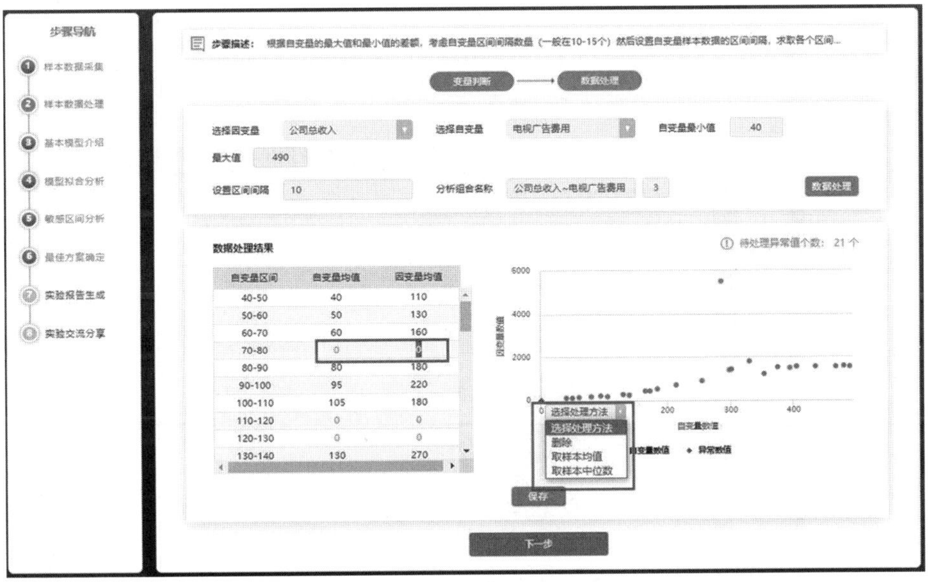

图 6-90

处理后的异常值点颜色发生变化，异常值点由红点变为橙色点，“待处理异常值个数”相应减少，如图 6-91 所示。

对异常数据进行处理，处理完成后，点击“保存”按钮。点击“选择因变量”“选择自变量”下拉选框，可对其他分析组合进行相同的数据处理。完成当前步骤后，点击“下一步”，系统自动保存操作记录，更新实验报告，并跳转到下一步骤。

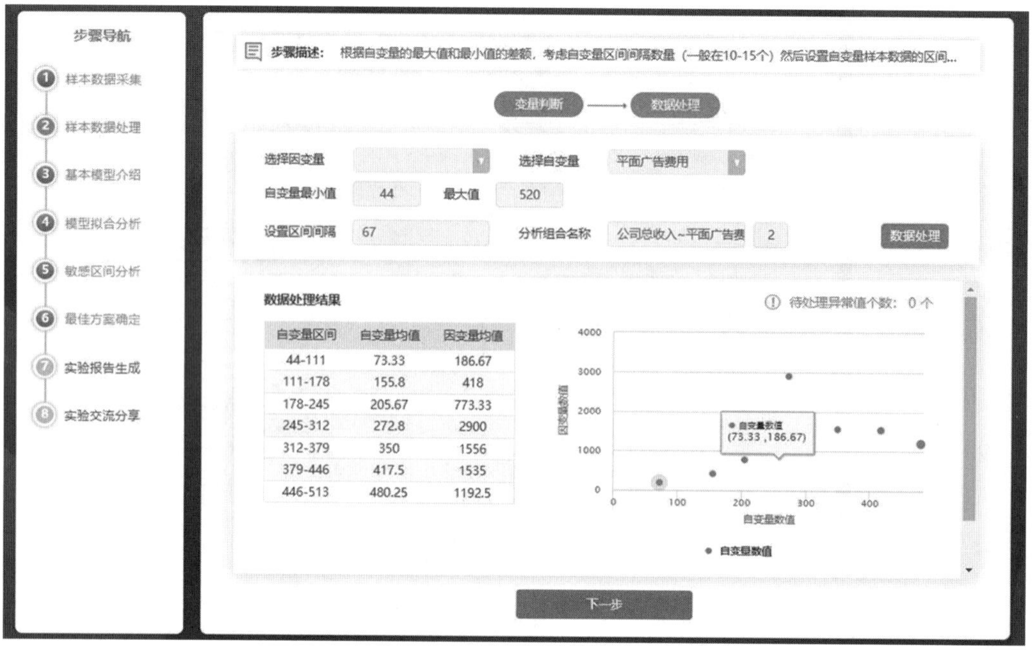

图 6-91

在预览框查看拟合模型相关介绍，了解非线性回归模型相关知识，如图 6-92 所示。

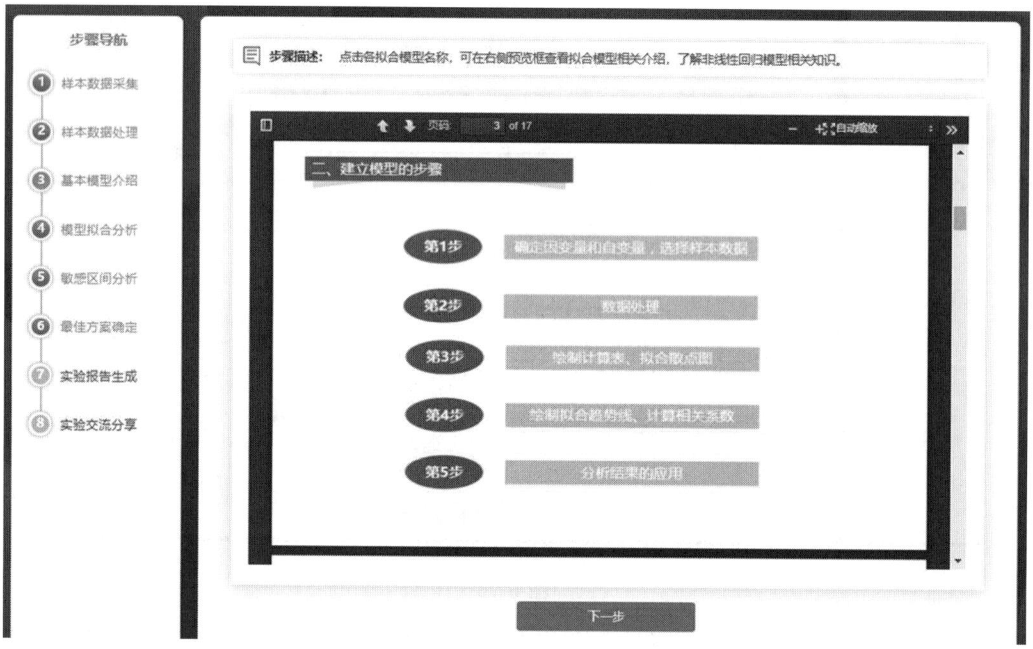

图 6-92

完成当前步骤后，点击“下一步”，系统自动保存操作记录，更新实验报告，并跳转到下一步骤。

步骤 2：模型拟合分析。

在“选择因变量”“选择自变量”下拉框，选择要进行分析的因变量、自变量，在“选择分析组合名称”下拉框选择因变量和自变量的分析组合，如图 6-93 所示。

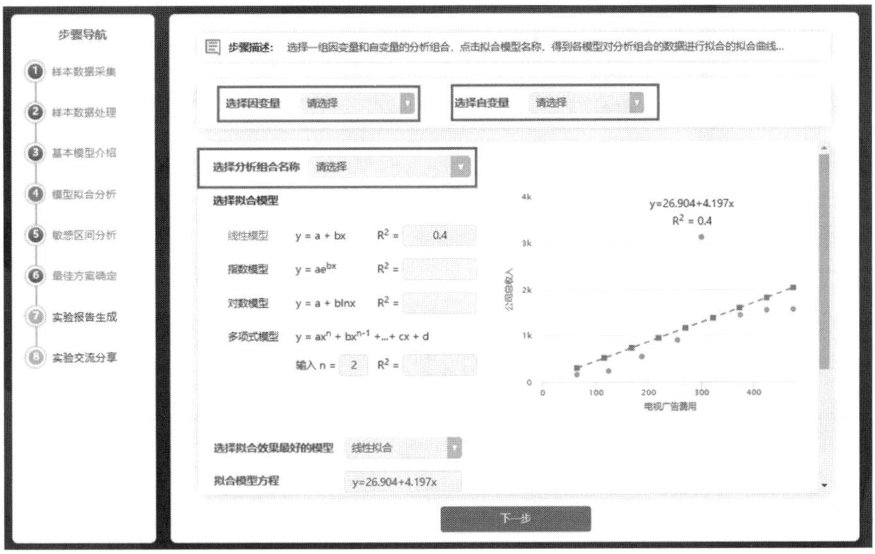

图 6-93

在“选择拟合模型”处，依次点击“线性模型”“指数模型”“对数模型”“多项式模型”，系统自动将上一步处理后的数据，绘制对应的拟合曲线，自动计算系数 R^2 的值，右侧显示散点图及对应的拟合曲线。改变多项式模型中 n 的值，可进行高阶拟合，如图 6-94、图 6-95 所示。

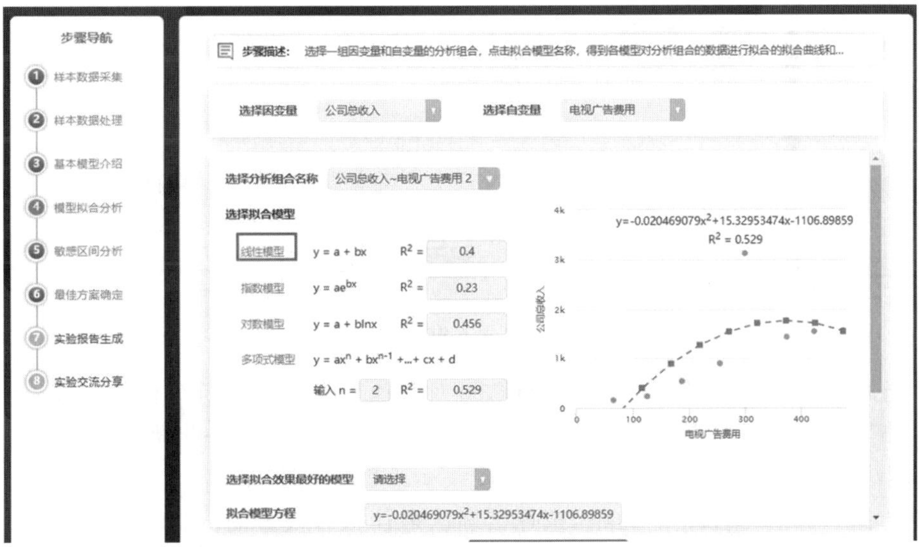

图 6-94

根据图像的拟合效果，或者系数 R^2 的数值进行对比分析，为分析组合选择最佳的拟合模型，点击“保存”，如图 6-96 所示。

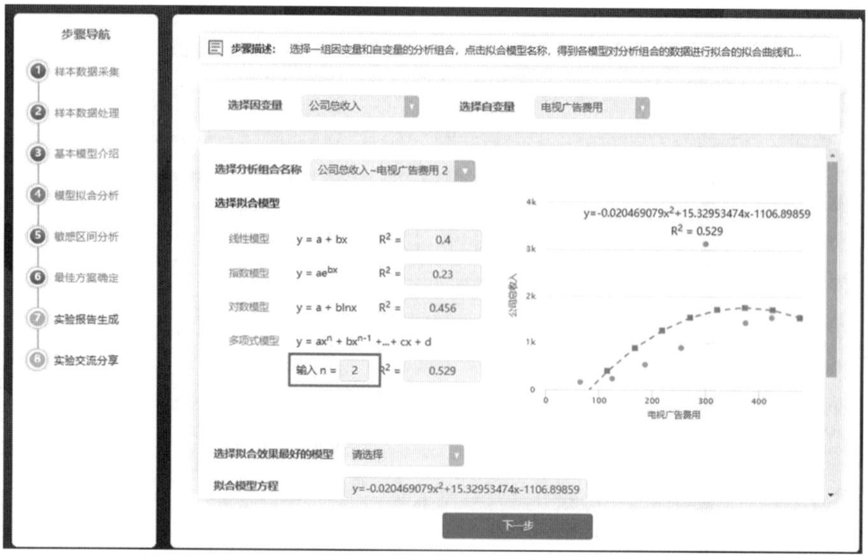

图 6-95

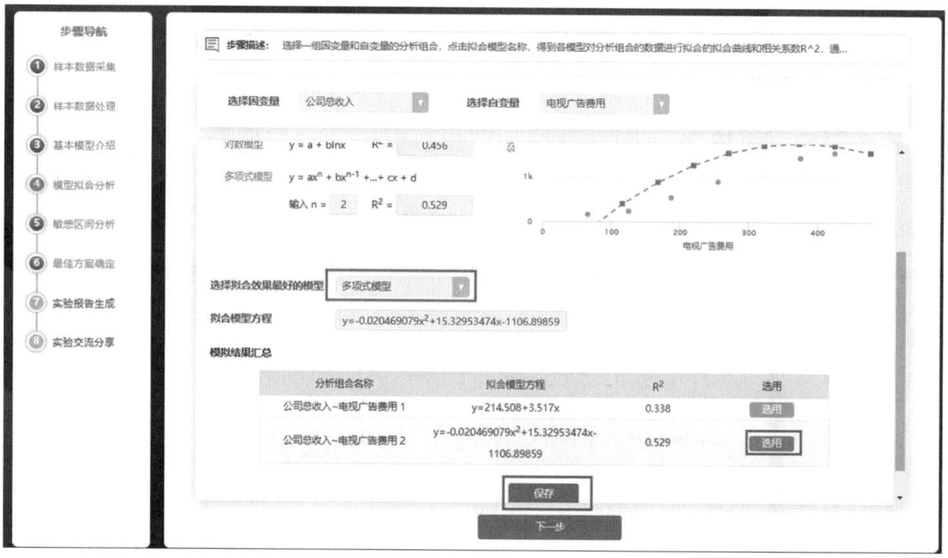

图 6-96

点击“选择因变量”“选择自变量”下拉框，可对其他变量组合进行分析。完成当前步骤后，点击“下一步”，系统自动保存操作记录，更新实验报告，并跳转到下一步骤。

步骤 3：广告费用测算。

点击“选择分析组合名称”下拉框，选择已确认最佳拟合模型的分析组合名称，系统自动对选择的最佳拟合方程进行求导，计算导数值，用户需要通过对比自变量各区间的导数值，选择导数值的绝对值最大的自变量区间，作为因变量对自变量变化比较敏感的区间，如图 6-97 所示。

完成当前步骤后，点击“下一步”，系统自动保存操作记录，更新实验报告，并跳转到下一步骤。

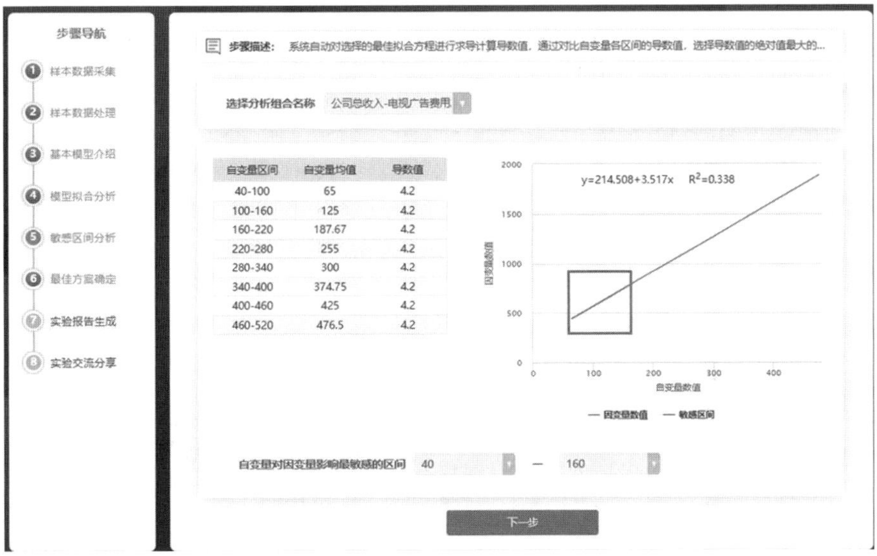

图 6-97

步骤 4：最佳方案确定。

在“选择因变量”下拉框，选择需要分析的目标因素（即因变量），系统自动显示其与各自变量的拟合分析结果，通过观察各拟合曲线的交点，确定因变量的分段函数，填写“自变量范围”，在“最佳方案”下拉框中，根据分段区间选择对应的自变量名称，系统自动输出对应的拟合方程，以及该分段区间中自变量对因变量影响最敏感的区间和对应的因变量变化范围。系统默认三个分段区间，点击“添加”或“删除”，可对分段区间个数进行设置，从而建立目标因素的分段函数，如图 6-98 所示。

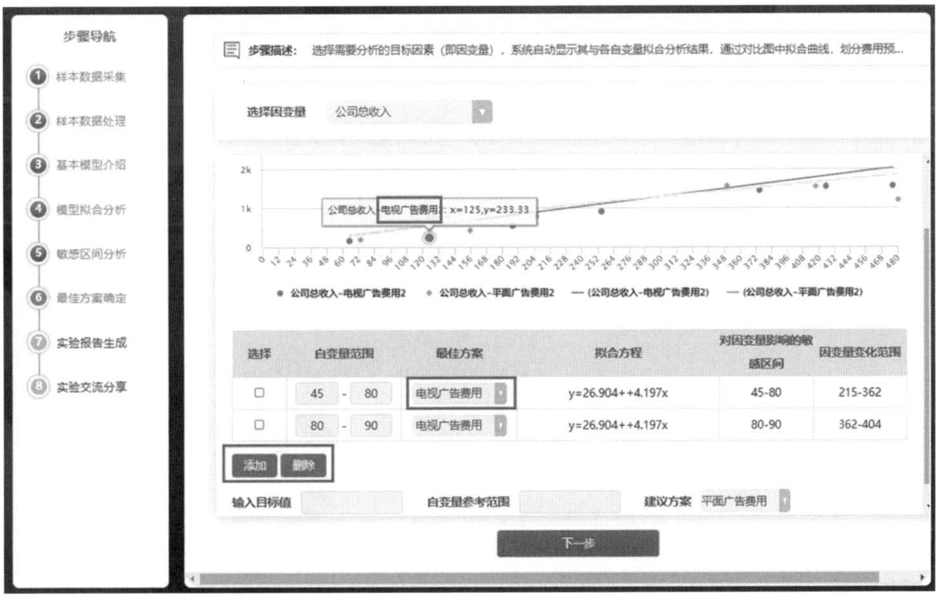

图 6-98

建立完成分段函数，填写“输入目标值”，系统自动在可视化图形中绘制出目标线，通过目标线与分段函数的拟合曲线的交点，输入“自变量参考范围”，在“建议方案”下拉框中选择对应的自变量名称，如图 6-99 所示。

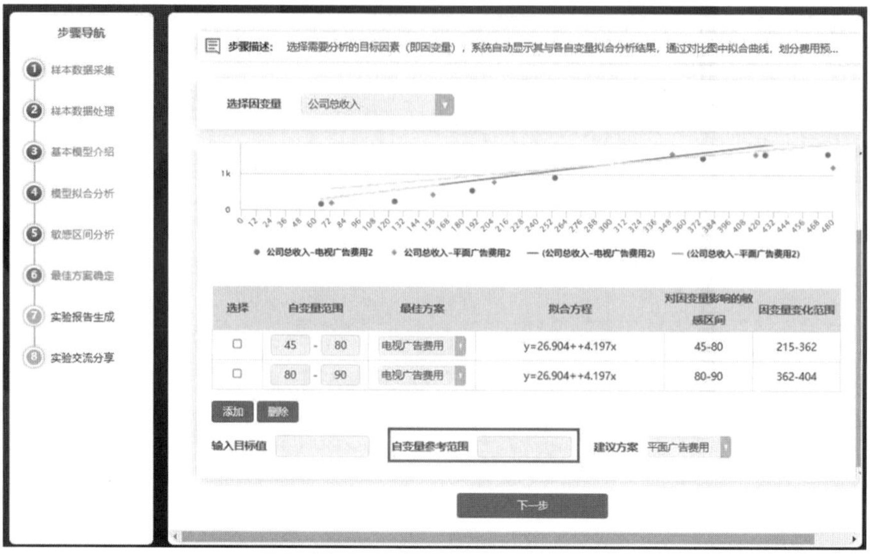

图 6-99

完成当前步骤后，点击“下一步”，系统自动保存操作记录，生成实验报告，可查看实验成绩、实验结果和实验反馈。

任务五　产能评估

案例背景

作为服装生产企业，歌莱斯公司在制订生产计划时经常遇到这种情况：某个客户需要特定数量产品的订单，订单的价格可能并不高，往往还低于常规售价，这种情况下如何决定是否接单，需要结合相关成本、机会成本、产能利用等情况综合考虑。如果正好是淡季，存在产能过剩，只要考虑与该批订单相关的变动成本和接受这批订单需要增加的额外固定成本就可以，即该批订单的边际贡献大于额外增加的固定成本就可以接受，就有利润，反之不接受。如果是旺季或满负荷生产，最低可接受价就是正常售价，只要超过正常价就可以接受，但是还需要考虑接受此订单而失去其他订单的损失。

本量利分析作为企业进行内部分析决策的基本工具，通过本量利分析可以知道企业保本时的最低销售量和销售额，以及达到目标利润所需要的销售量和销售额，还可以预测是通过增加销量、降低售价来提高利润，还是通过降低变动成本或固定成本来提高利润。

任务实施

步骤1：主生产计划。

在“步骤导航”模块，点击“主生产计划”，如图6-100所示。

根据主生产计划的定义完成两个练习题，点击“提交”，保存数据到数据中心，同时更新实验报告，跳转到下一步骤。

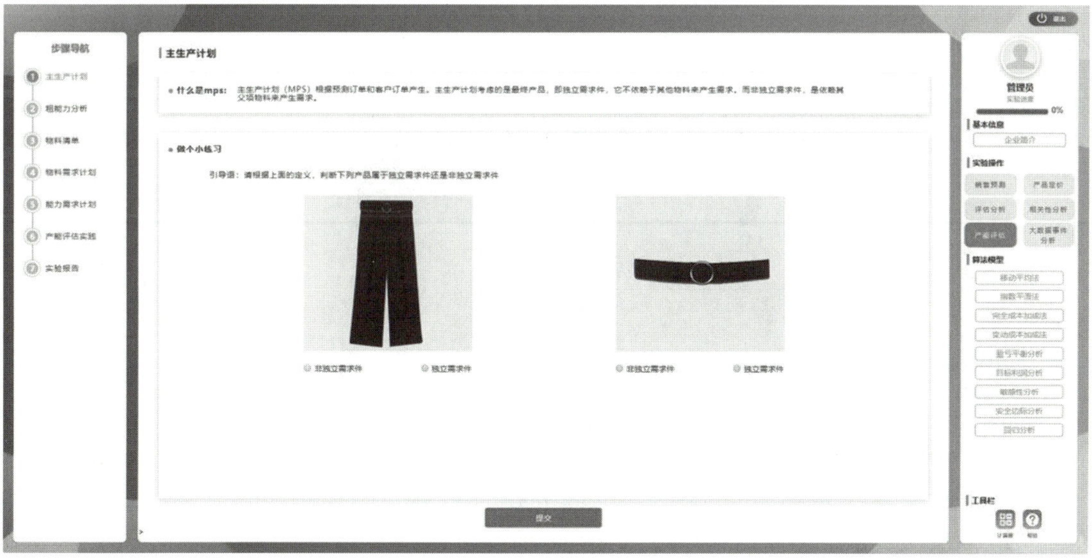

图6-100

步骤 2：粗能力分析。

在“步骤导航”模块，点击“粗能力分析”，如图 6-101 所示。

图 6-101

完成两个练习题，点击“提交”，保存数据到数据中心，同时更新实验报告，跳转到下一步骤。

步骤 3：物料清单。

在“步骤导航”模块，点击“物料清单”，如图 6-102 所示。

图 6-102

点击“做题”，跳出弹窗，如图 6-103 所示。

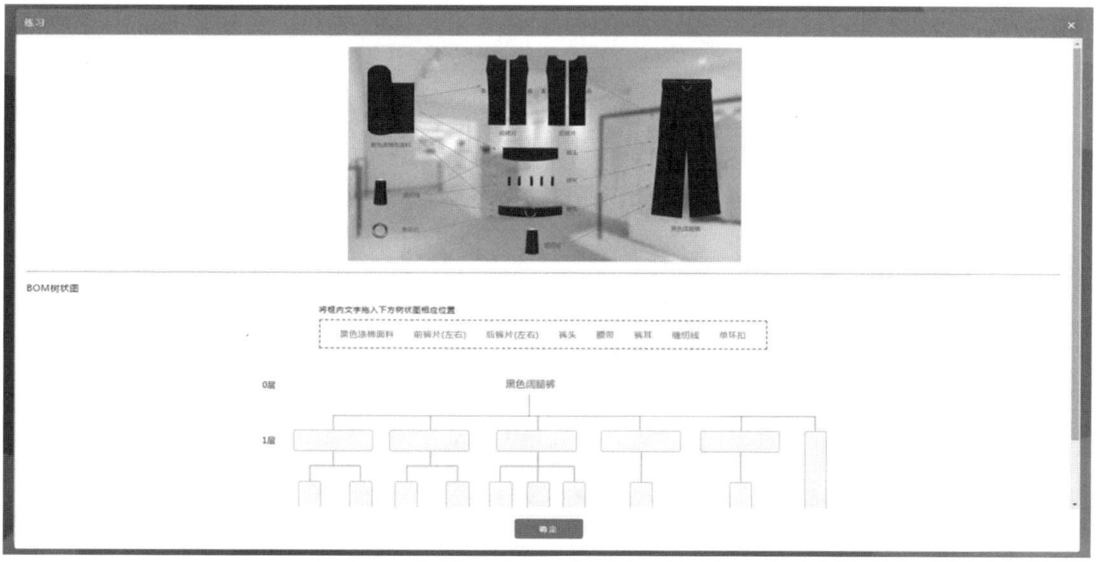

图 6-103

根据图 6-103 界面上方的产品结构图画出产品的 BOM 树状图。操作方法：鼠标左键点击虚线框内文字，拖动至下方方框内。全部完成后，点击“确定”，保存数据到数据中心，同时更新实验报告，跳转到下一步骤。

步骤 4：物料需求计划。

在“步骤导航”模块，点击“物料需求计划”，如图 6-104 所示。

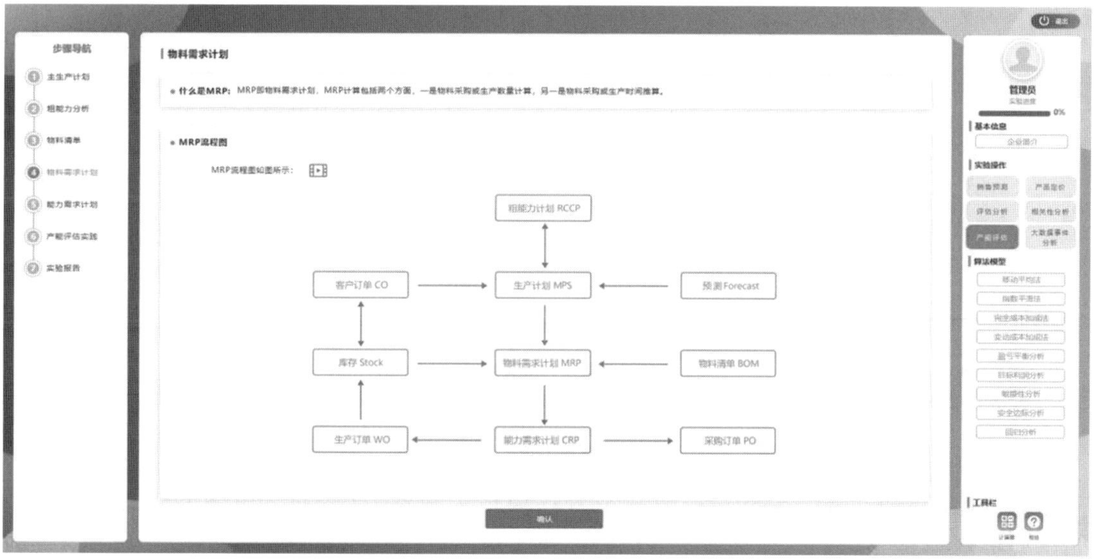

图 6-104

点击“播放”图标按钮，弹窗跳出播放视频，如图 6-105 所示。视频窗口左下角下拉框可选择需要播放的视频。

观看视频后，关闭视频，点击“确认”，跳转到下一步骤。

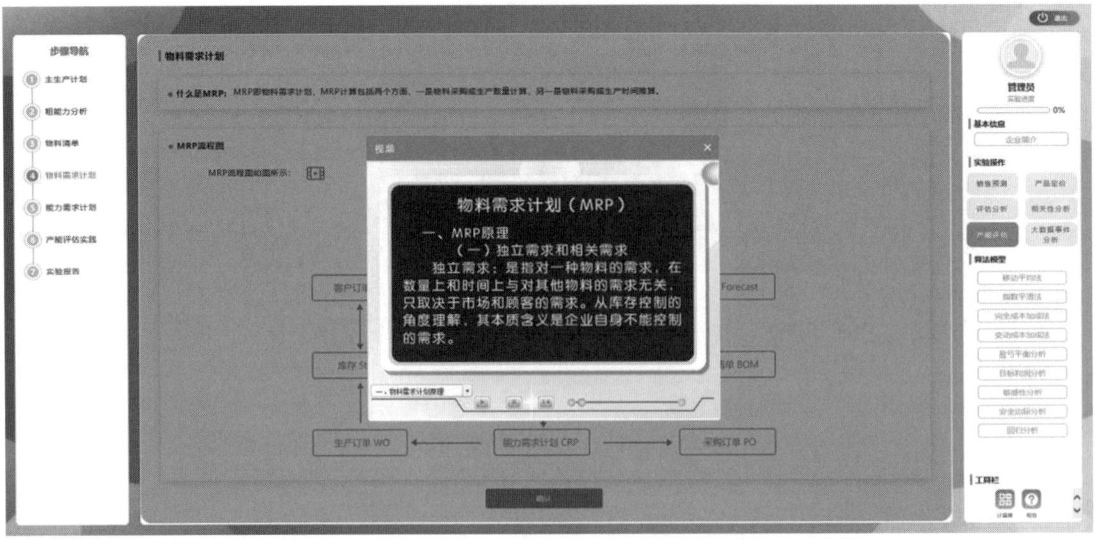
物料需求计划
物料需求计划（MRP）
一、MRP原理
（一）独立需求和相关需求
独立需求：是指对一种物料的需求，在数量上和时间上与对其他物料的需求无关，只取决于市场和顾客的需求。从库存控制的角度理解，其本质含义是企业自身不能控制的需求。
生产订单 WO
能力需求计划 CRP
采购订单 PO

图 6-105

步骤 5：能力需求计划。

在“步骤导航”模块，点击“能力需求计划”，如图 6-106 所示。

能力需求计划

图 6-106

根据练习题题干内容，在第一行的 5 个方框内填入数字，系统自动计算出结果。点击“提示”，出现提示公式。

填写完毕后，点击“提交”，保存数据到数据中心，同时更新实验报告，跳转到下一步骤。

步骤 6：产能评估实践。

在“步骤导航”模块，点击“产能评估实践”，如图 6-107 所示。

点击蓝色图标，进入流程图界面，如图 6-108 所示。

图 6-107

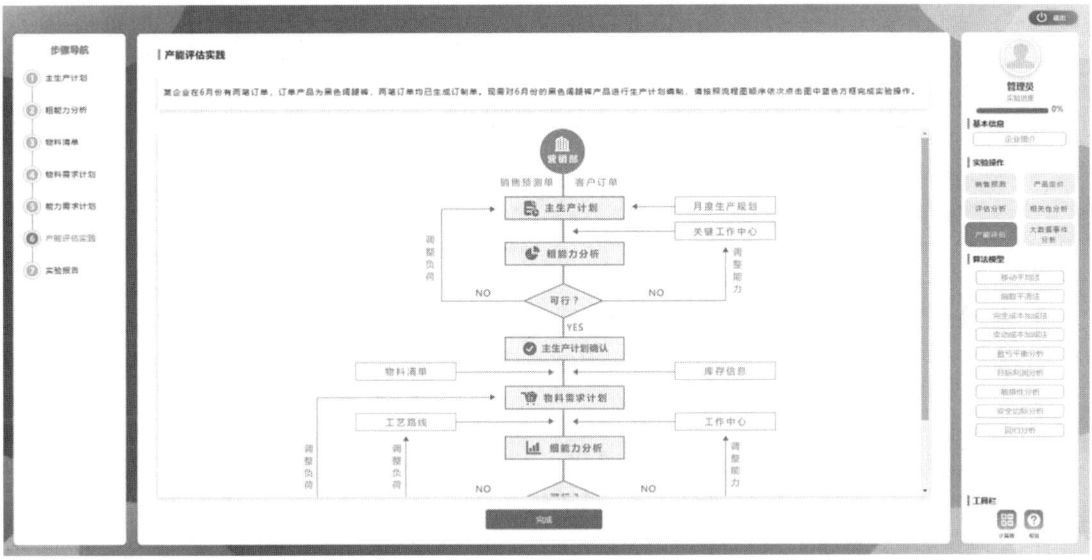

图 6-108

点击“主生产计划”，进入主生产计划界面，点击“生成主生产计划”，如图 6-109 所示。

点击“完成”，页面跳转至粗能力分析，如图 6-110 所示。

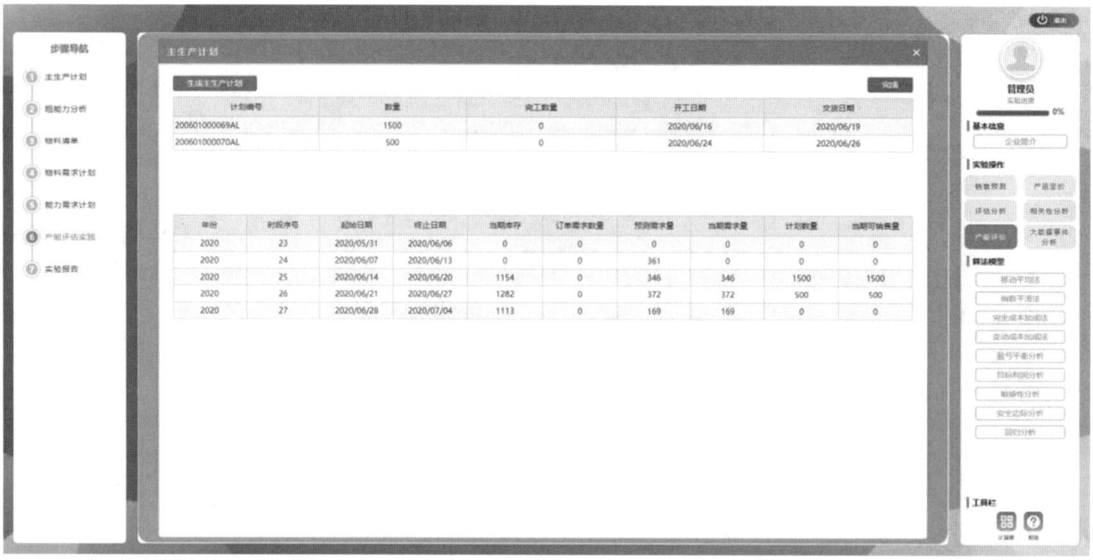

图 6-109

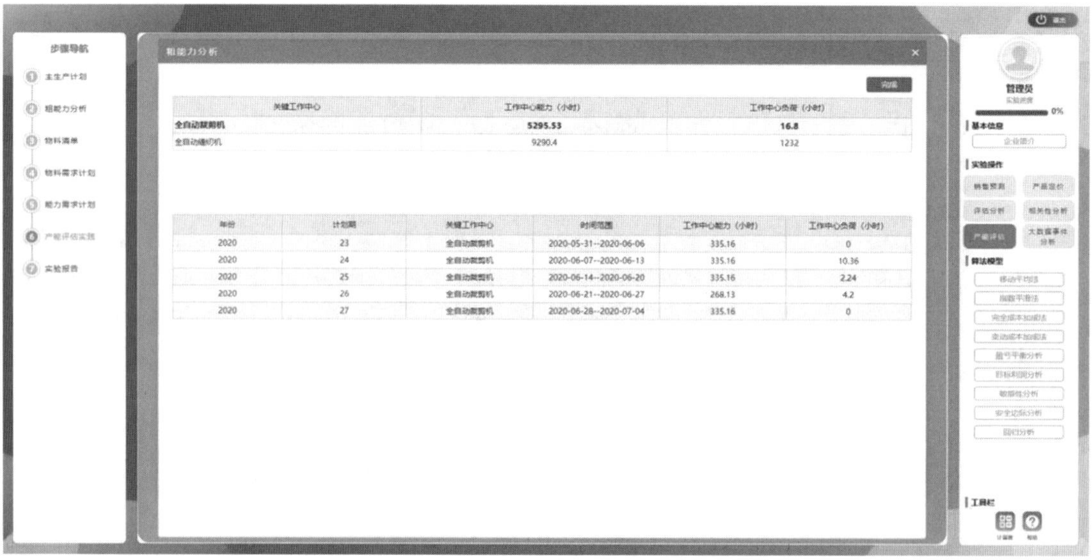

图 6-110

点击“完成”，页面跳转至主生产计划确认，如图 6-111 所示。

待系统自动确认后，点击“确定”，页面跳转至物料需求计划，点击“生成物料需求计划”，如图 6-112 所示。

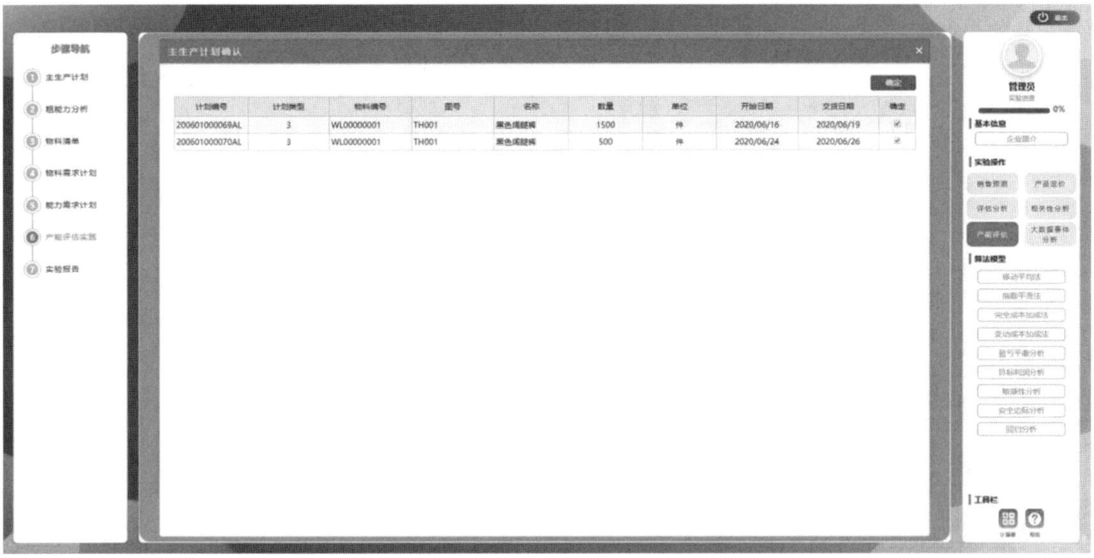

图 6-111

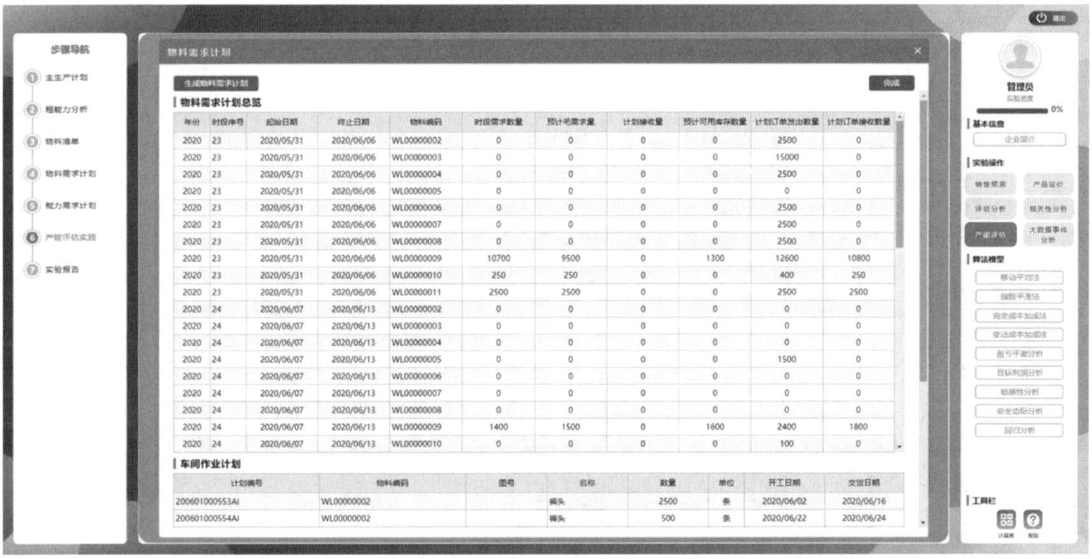

图 6-112

点击“完成”，页面跳转至细能力分析，如图 6-113 所示。

点击“完成”，页面返回到产能评估流程图页面，点击“完成”，页面跳转至如图 6-114 所示。

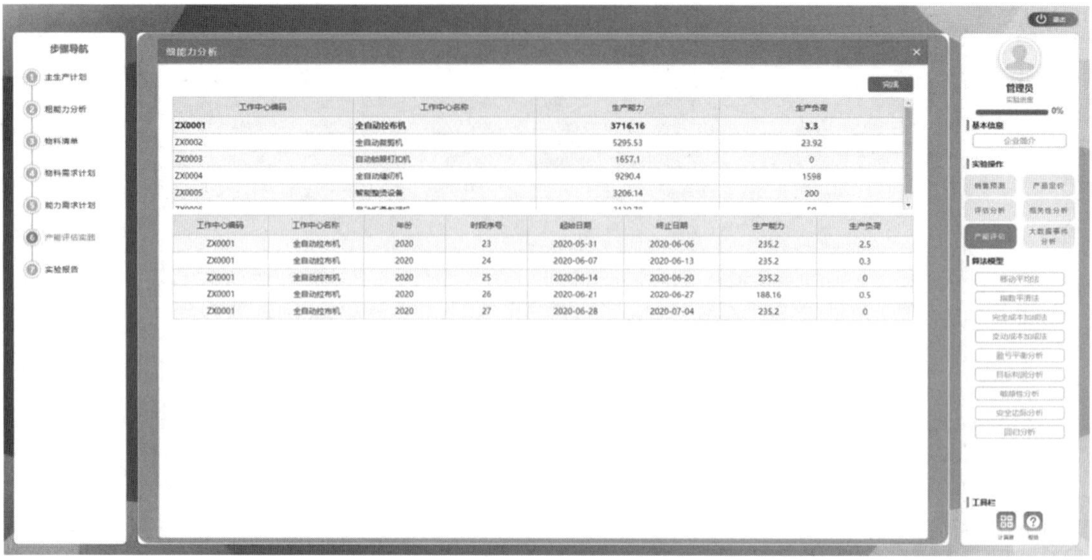

图 6-113

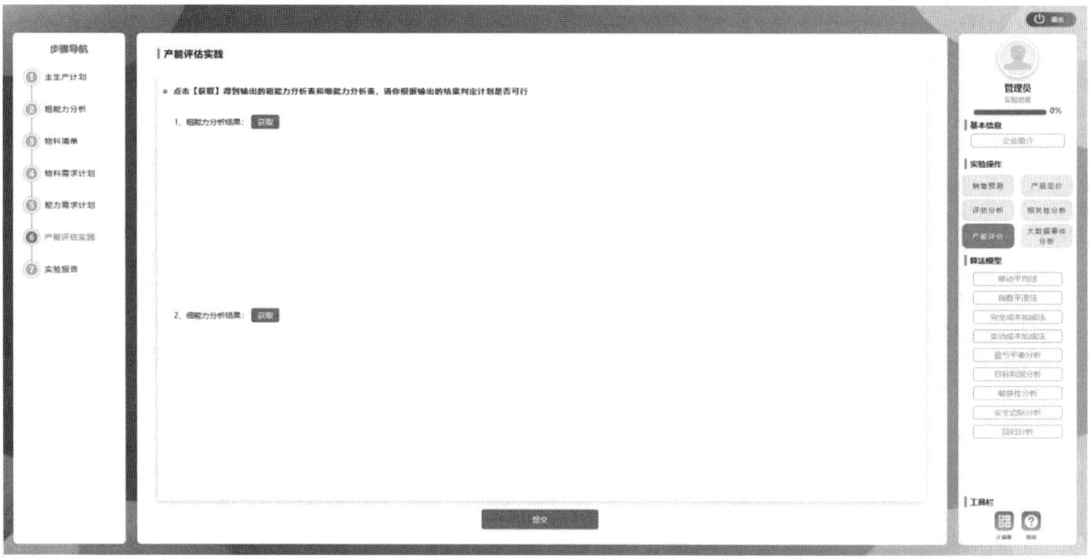

图 6-114

点击“获取”,获取上一步骤的输出结果,如图 6-115 所示。根据输出表格选择问题答案,点击“提交”。

步骤 7:实验报告。

点击“实验报告”,显示生成的实验报告,如图 6-116 所示。

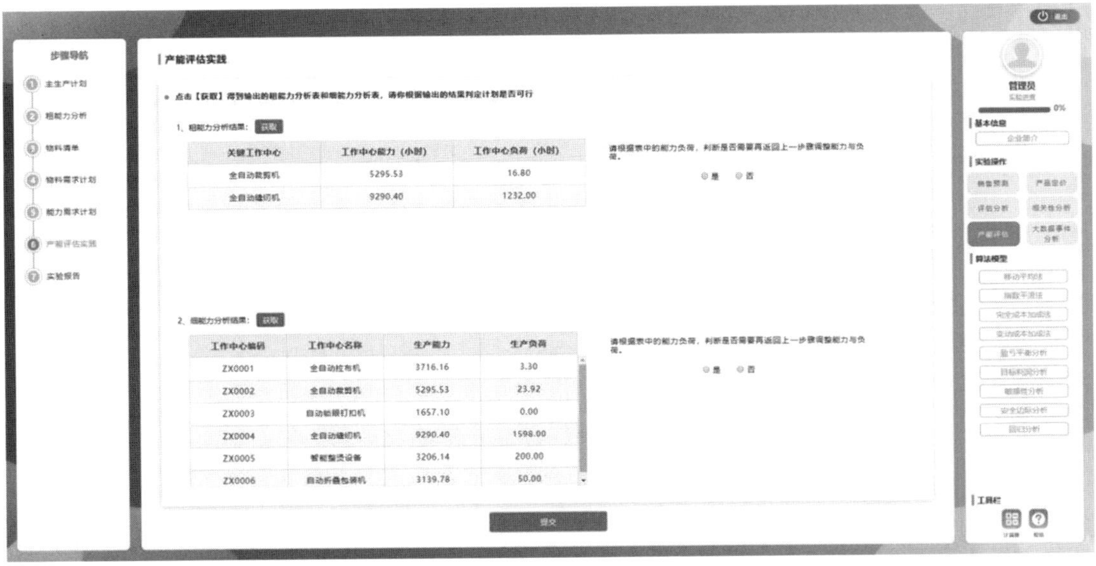
步骤导航
主生产计划
粗能力分析
物料清单
物料需求计划
能力需求计划
产能评估实践
实验报告
产能评估实践
点击【获取】得到输出的粗能力分析表和细能力分析表，请你根据输出的结果判定计划是否可行
1、粗能力分析结果：获取
关键工作中心
工作中心能力（小时）
工作中心负荷（小时）
全自动裁剪机
5295.53
16.80
全自动缝纫机
9290.40
1232.00
2、细能力分析结果：获取
工作中心编码
工作中心名称
生产能力
生产负荷
ZX0001
全自动拉布机
3716.16
3.30
ZX0002
全自动裁剪机
5295.53
23.92
ZX0003
自动锁眼钉扣机
1657.10
0.00
ZX0004
全自动缝纫机
9290.40
1598.00
ZX0005
智能整烫设备
3206.14
200.00
ZX0006
自动折叠包装机
3139.78
50.00
提交
管理员
基本信息
实验操作
算法模型
工具栏

图 6-115

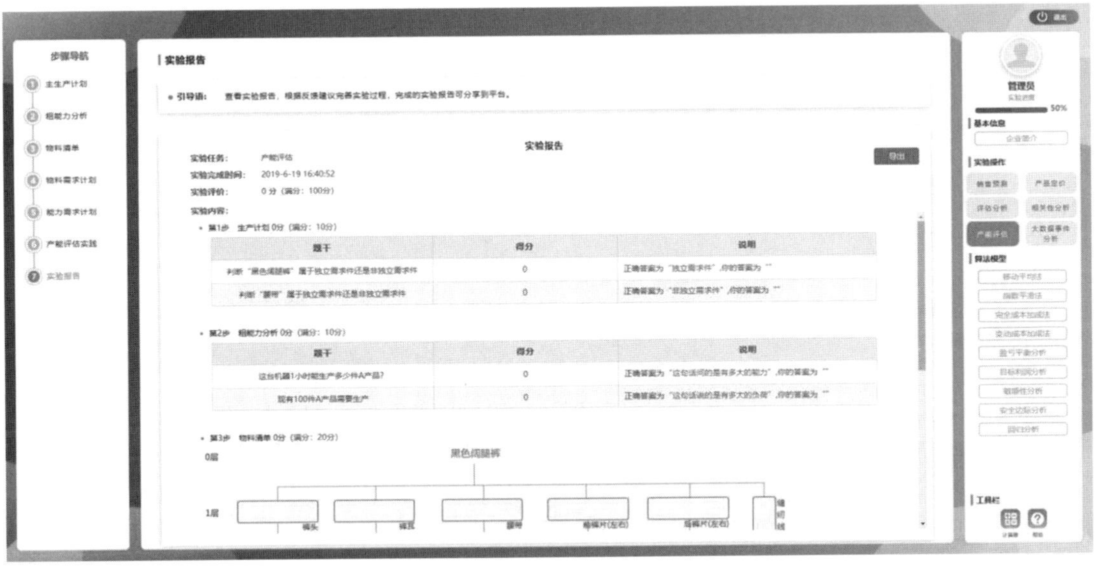
步骤导航
主生产计划
粗能力分析
物料清单
物料需求计划
能力需求计划
产能评估实践
实验报告
实验报告
实验报告
导出
实验任务：
产能评估
实验完成时间：
2019-6-19 16:40:52
实验评价：
0 分（满分：100分）
实验内容：
题干
得分
说明
黑色阔腿裤
管理员
50%
基本信息
实验操作
算法模型
工具栏

图 6-116

项目七　数智商科综合实训

任务一　销售预测

综合案例

根据销售预测所学内容，完成北京朔风快递股份有限公司的销售预测综合实训。

案例背景

北京朔风快递股份有限公司，始建于 2001 年 6 月，位于北京市大兴区，是国内的快递物流综合服务商，经过多年发展，已初步建立为客户提供一体化综合物流解决方案的能力，不仅提供配送端的物流服务，还延伸至价值链前端的产、供、销、配等环节，从消费者需求出发，以数据为牵引，利用大数据分析和云计算技术，为客户提供仓储管理、销售预测、大数据分析、金融管理等一揽子解决方案。

2019 年，小件包裹业务年收入突破 6 300 万元，年配送件数高达 636 万件；普通包裹业务年收入突破 25 500 万元，占据营业收入的绝大部分，年配送件数达到 1 277 万件；大件包裹业务年营业收入占总营业收入的 12.3%，达到 4 475 万元，年配送件数达到 149 万件。公司采取“直营与加盟、电商三线相结合”的业务模式，2019 年公司直营站点业务收入占主营业务收入比例达 30%，加盟站点业务收入占 20%，公司积极发展的与电商平台的合作业务收入占主营业务收入比例约 50%。

2019 年，公司所花费在设计、规划与研发上的费用均占据了总运营成本的 6%。营业总收入方面，2019 年公司快运业务实现件量 2 063 万票，同比增长 25.84%，票均收入 17.6 元，票均成本 14 元，朔风快运年营业收入 8 亿元，年成本 6.6 亿元，毛利率 17.5%。

精准预测可以让公司管理者知道某个地点、某个时间点需要多少数量的产品，以便提前准备生产物料、采购零配件、协调工人工期，指导后端运营提前进行合理的资源匹配和优化，避免浪费或者出现资源短缺问题，从而对整个生产、销售过程进行完美管控。

任务实施

本实验将统计学、市场调查与预测相关专业知识融入解决具体问题的实验过程，通过数据采集、数据处理、数据分析、方法选择、参数调整、模型验证、结果修正等步骤，引导学生运用时间序列预测法，对企业不同渠道、不同产品的销售数量、市场需求量进行科学准确的预测（见图 7-1、图 7-2）。

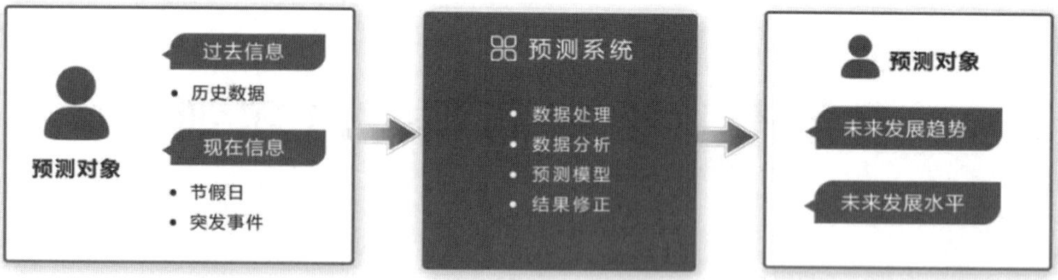
过去信息
• 历史数据
预测对象
现在信息
• 节假日
• 突发事件
预测系统
• 数据处理
• 数据分析
• 预测模型
• 结果修正
预测对象
未来发展趋势
未来发展水平

图 7-1

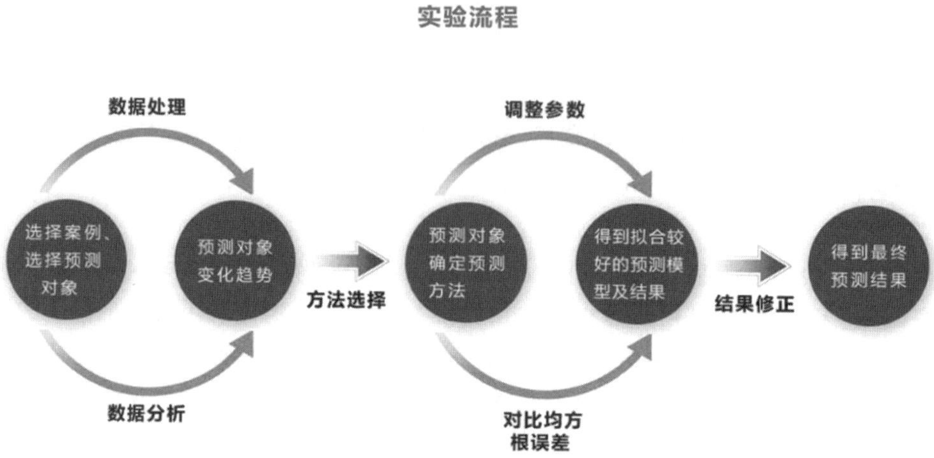
实验流程
数据处理
选择案例、选择预测对象
预测对象变化趋势
数据分析
方法选择
调整参数
预测对象确定预测方法
得到拟合较好的预测模型及结果
对比均方根误差
结果修正
得到最终预测结果

图 7-2

任务二　产品定价

综合案例

根据产品定价所学内容，完成北京朔风快递股份有限公司的产品定价综合实训。

案例背景

见任务一。

任务实施

合理确定产品价格是商业社会中一个非常重要的问题。定价的影响因素非常多，因此企业对定价都非常关注。如果产品的价格确定得合理，将极大地促进产品的销售；而如果产品价格偏离了消费者的预期或者产品自身的价值，则会对产品的销售产生消极的影响。在本实验中，用户将首先对产品的成本数据进行采集和处理，其次对其所处生命周期阶段进行判断，对需求价格弹性系数进行测算，并结合市场竞争状况确定企业的定价目标和定价策略，在此基础上进行成本加成核算，并用 PSM 测试进行价格检验，最终分析企业目标是否达成。通过本实验，用户将掌握成本的概念和分类、完全成本法和变动成本法的原理和区别；学会运用统计研究方法达到对经济现象的认识，构建统计模型；了解与定价相关的经济学知识的含义和内容，例如需求曲线和需求价格弹性系数等；通过问卷调查的方式，了解消费者心理，为产品定价提供正确的方向（见图 7-3、图 7-4）。

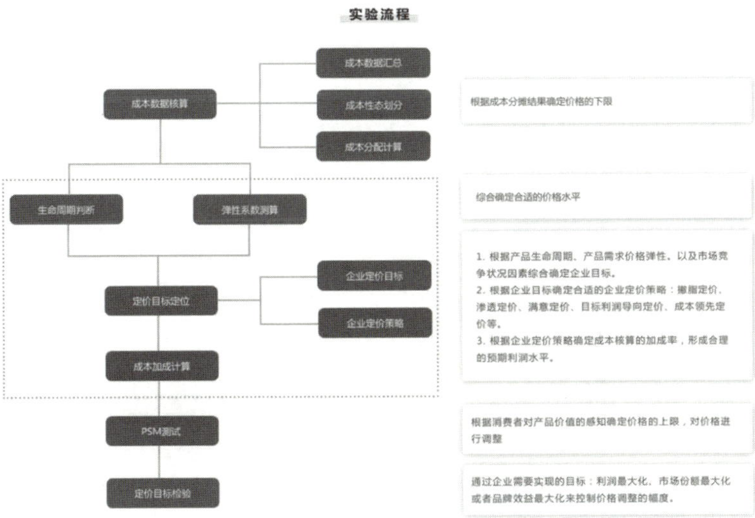
实验流程
成本数据核算
成本数据汇总
成本性态划分
成本分配计算
根据成本分摊结果确定价格的下限
生命周期判断
弹性系数测算
综合确定合适的价格水平
定价目标定位
企业定价目标
企业定价策略
1. 根据产品生命周期、产品需求价格弹性，以及市场竞争状况因素综合确定企业目标。
2. 根据企业目标确定合适的企业定价策略：撇脂定价、渗透定价、满意定价、目标利润导向定价、成本领先定价等。
3. 根据企业定价策略确定成本核算的加成率，形成合理的预期利润水平。
成本加成计算
PSM测试
根据消费者对产品价值的感知确定价格的上限，对价格进行调整
定价目标检验
通过企业需要实现的目标：利润最大化、市场份额最大化或者品牌效益最大化来控制价格调整的幅度。

图 7-3

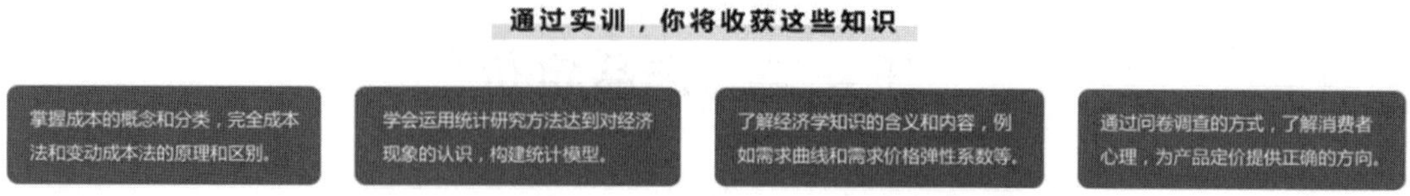
通过实训，你将收获这些知识
掌握成本的概念和分类，完全成本法和变动成本法的原理和区别。
学会运用统计研究方法达到对经济现象的认识，构建统计模型。
了解经济学知识的含义和内容，例如需求曲线和需求价格弹性系数等。
通过问卷调查的方式，了解消费者心理，为产品定价提供正确的方向。

图 7-4

任务三　产能评估

综合案例

根据产能评估所学内容，完成北京朔风快递股份有限公司的产能评估综合实训。

案例背景

见任务一。

任务实施

随着大数据和人工智能等新技术的发展，传统财务也将面临转型。在全面预算管理的指引下，本实验建立基于销售、生产、采购、投资、筹资等业务事件驱动的财务一体化信息处理系统，使企业经营中的业务流程、财务会计流程、管理流程紧密结合，发挥财务对业务的指导和支持作用。

本实验运用本量利分析工具体系对企业短期的盈利情况进行评估，并根据评估期产品预测销量对企业的生产能力进行评估，运用现金收支法对企业资金流入和流出进行评估，从三个维度评价企业短期生产经营情况，试图实现从财务角度评价和指导业务，促进财务与业务的相互影响，提高学生全面分析问题、深入思考问题的能力（见图 7-5、图 7-6）。

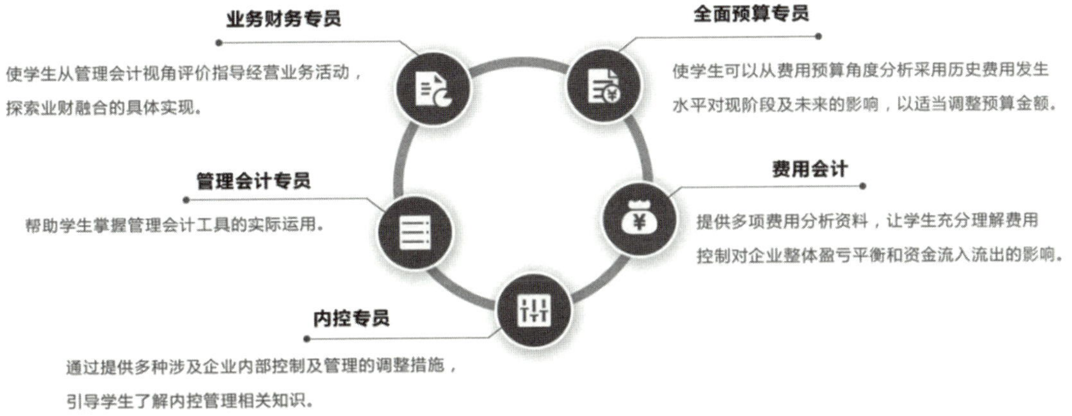
业务财务专员
使学生从管理会计视角评价指导经营业务活动，
探索业财融合的具体实现。
全面预算专员
使学生可以从费用预算角度分析采用历史费用发生
水平对现阶段及未来的影响，以适当调整预算金额。
管理会计专员
帮助学生掌握管理会计工具的实际运用。
费用会计
提供多项费用分析资料，让学生充分理解费用
控制对企业整体盈亏平衡和资金流入流出的影响。
内控专员
通过提供多种涉及企业内部控制及管理的调整措施，
引导学生了解内控管理相关知识。

图 7-5

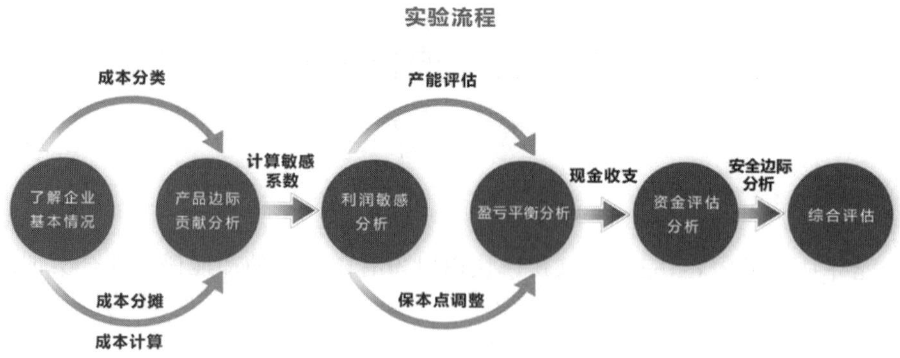
实验流程
成本分类
计算敏感系数
产能评估
现金收支
安全边际分析
了解企业基本情况
产品边际贡献分析
利润敏感分析
盈亏平衡分析
资金评估分析
综合评估
成本分摊
成本计算
保本点调整

图 7-6

任务四　运营评估

综合案例

根据运营评估所学内容，完成北京朔风快递股份有限公司的运营评估综合实训。

案例背景

见任务一。

任务实施

企业经营过程中，决策和经营结果通常存在一定的关联关系，本系统提供线性模型和多种非线性模型，以研究这些变量之间的相关程度，帮助决策者进行推算、预测（见图 7-7）。

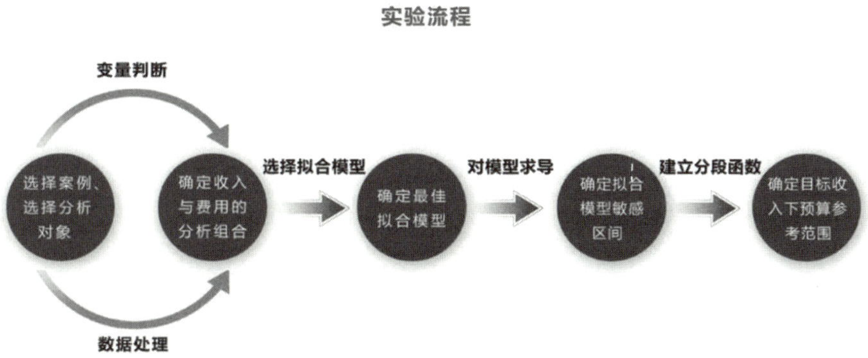

图 7-7

任务五　综合案例——旅游案例

案例背景

北京伊力特国际旅行社有限责任公司以酒店旅游业为业务支柱，是 Elite International Group SARL 的全资控股子公司，公司于 2005 年成立，注册资金 2 800 万元，在全国 8 个省市有 15 家子公司。

公司采用“线上电商、线下直营和线下代理”的销售模式，截至 2019 年 12 月 31 日，在北京市有 20 家线下直营门店。从 2019 年年度报表来看，其营业总收入为 21.42 亿元，较 2018 年增比为 2.8%，其中旅游业务收入为 13.15 亿元，电子商务收入为 6.36 亿元，项目投资收入为 1.91 亿元（见图 7-8）。其净利润总额也较 2018 年有所上涨。未来很长一段时间，旅游业在中国会有较大的增长空间，特别是高端定制游和境外游，这也让旅游行业成为一片红海。

截至 2019 年底，全国纳入国家旅游局统计的旅行社共有 23 690 家，同比增长 3.98%，全行业预计实现营业收入为 2 950 亿元，同比增长 11%。但因为规模效应和品牌优势，新公司很难进入，现有企业的竞争也会导致利润上升空间很有限。从公司收入构成来看，旅行社收入已然成为最重要的部分。公司若要在众多竞争者当中取得优胜地位，必须在产品（包括产品线设计、产品组合营销等）和服务等方面取得一定的优势。

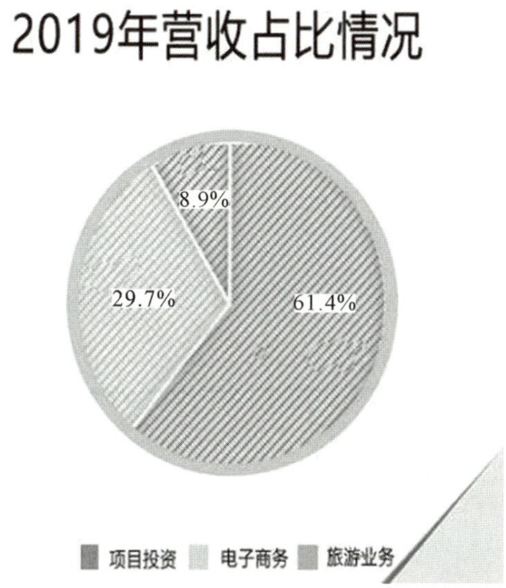

图 7-8

任务实施

请通过实训软件，完成该旅游企业的销量预测、产品定价、评估分析及相关性分析。

任务六　综合案例——酒店案例

案例背景

亚林酒店集团股份有限公司，始建于 2003 年 12 月 11 日，位于北京市大兴区东康路 21 号，是一家适合大众消费，突出住宿核心产品，为客人提供专业服务的酒店。公司采取“直营经营”和“加盟特许经营”相结合的模式，直营模式是通过自有物业和租赁物业的形式，使用公司旗下特定品牌独立经营酒店。公司从直营酒店取得的收入，主要来源于客房收入及餐饮收入。

集团旗下设有两大酒店品牌：云商酒店和枫林酒店。云商酒店是定位于大众和中高端之间的精选商务连锁酒店。枫林酒店是基于地域风情的连锁酒店，专注于为客户打造独特的旅游体验。因此，集团业务可以充分满足消费者在个人商务和旅游休闲中对良好住宿环境的需求。在发展过程中，集团非常注重建立与旅游行业和商务活动的密切关系，酒店产品主要面向旅游、商务活动等市场消费者。目前已经与北京伊力特国际旅行社有限责任公司、广州歌莱斯服饰股份有限公司以及北京朔风快递股份有限公司建立了战略合作关系，积极地向战略合作伙伴推出旅游住宿服务和商务住宿服务。同时，集团也从合作伙伴处采购大量日常耗用产品和服务。集团建立了强大的信息化系统，为集团的管理和服务提供了强大的 IT 系统支持。集团基于“服务最优化”的信息技术建设目标，在目前的信息系统的基础上，引入了全新的智能预订系统——亚林在线 APP，可实现在线预订、在线选房、在线选餐、前台智能自助机入住、自助离店等全方位体验。

2019 年集团客房收入占主营业务收入的 72.60%，餐饮收入占主营业务收入的 27.40%（见图 7-9）。酒店住宿业务中，直营收入（包括线上及线下）占主营业务收入比例为 82.50%，加盟收入占 17.50%（见图 7-10）。餐饮业务中，直营收入（包括线上及线下）占主营业务收入比例为 65.50%，加盟收入占 34.50%（见图 7-11）。

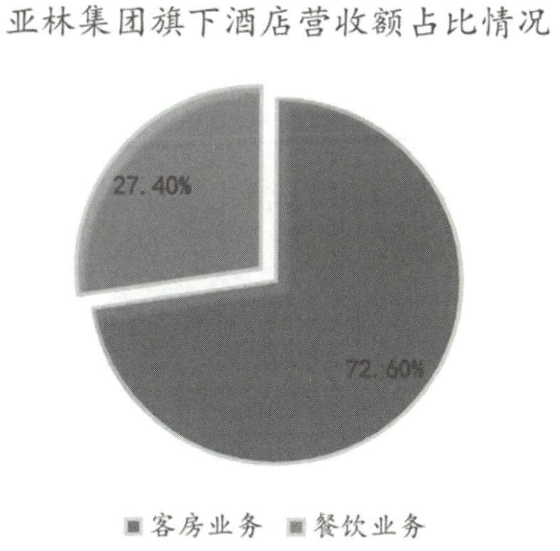

图 7-9

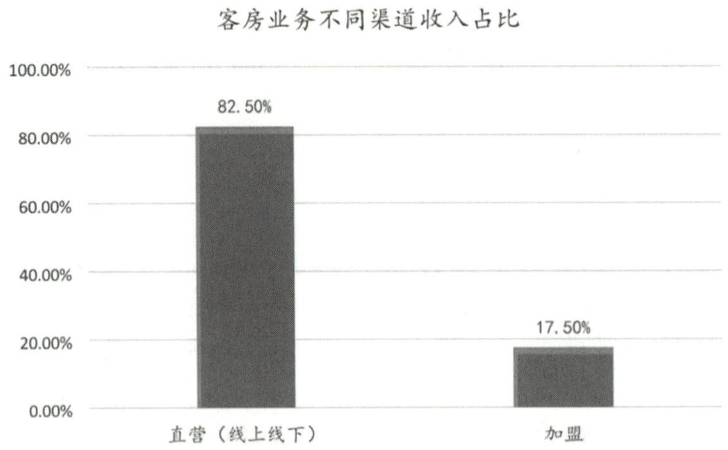

图 7-10

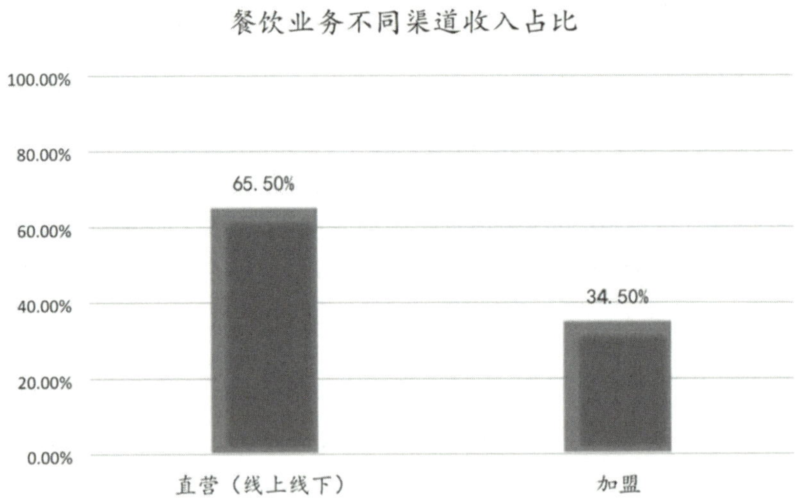

图 7-11

任务实施

请通过实训软件，完成该酒店案例的销量预测、产品定价、评估分析及相关性分析。

参 考 文 献

[1] 靳磊.财务管理实务[M].5版.北京:高等教育出版社,2021.
[2] 马元兴,薛春燕.企业财务管理[M].4版.北京:高等教育出版社,2021.
[3] 刘淑莲.财务管理[M].5版.大连:东北财经大学出版社,2019.
[4] 周阅,丁增稳.管理会计实务[M].2版.北京:高等教育出版社,2020.
[5] 高翠莲.管理会计基础[M].北京:高等教育出版社,2018.
[6] 潘飞,吕长江.管理会计概论[M].上海:上海财经大学出版社,2017.
[7] 居长志.市场营销[M].5版.北京:高等教育出版社,2018.
[8] 危磊.统计学基础(附微课视频)[M].2版.北京:人民邮电出版社,2018.